我们的现代化

中共江苏省委宣传部 编

江苏人民出版社

图书在版编目(CIP)数据

我们的现代化 / 中共江苏省委宣传部编. -- 南京：江苏人民出版社, 2023.12
ISBN 978-7-214-28792-2

Ⅰ. ①我… Ⅱ. ①中… Ⅲ. ①现代化建设 - 研究 - 中国 Ⅳ. ①D61

中国国家版本馆CIP数据核字(2023)第242928号

书　　　名	我们的现代化
编　　　者	中共江苏省委宣传部
责 任 编 辑	陈　颖　汪思琪
装 帧 设 计	赵春明
责 任 监 制	王　娟
出 版 发 行	江苏人民出版社
地　　　址	南京市湖南路1号A楼，邮编：210009
照　　　排	江苏凤凰制版有限公司
印　　　刷	南京艺中印务有限公司
开　　　本	718毫米×1000毫米　1/16
印　　　张	12
字　　　数	146千字
版　　　次	2023年12月第1版
印　　　次	2023年12月第1次印刷
标 准 书 号	ISBN 978-7-214-28792-2
定　　　价	58.00元

如发现图书质量问题，请联系我们：严老师，025-83658087，18705186649；朱老师，025-83658123

出版说明

为深入学习宣传贯彻党的二十大精神,帮助人们全面准确理解中国式现代化的重大理论和实践问题,切实把思想和行动统一到党中央决策部署上来,在推进中国式现代化中走在前、做示范,奋力谱写"强富美高"新江苏现代化建设新篇章,我们组织专家学者撰写了2023年通俗理论读物《我们的现代化》。本书以习近平新时代中国特色社会主义思想为指导,紧密结合干部群众的思想实际,从10个方面,深入浅出地解读阐释中国式现代化的鲜明特色和丰富内涵,力求说理深刻、文风朴实,可作为广大党员干部进行理论学习和开展形势政策教育的辅助读物。

中共江苏省委宣传部

2023 年 11 月

目 录

第一章　历尽天华成此景——中国式现代化的历史发展 // 1

一、百折不挠开新篇　// 2

二、自力更生勇探索　// 8

三、解放思想促跨越　// 13

四、守正创新强起来　// 17

第二章　万山磅礴看主峰——中国式现代化必须坚持党的领导 // 21

一、决定根本性质　// 22

二、确保行稳致远　// 24

三、激发强劲动力　// 26

四、凝聚磅礴力量　// 28

第三章　康庄大道复兴路——中国式现代化的中国特色 // 33

　　一、人民至上　// 34

　　二、共同富裕　// 37

　　三、两翼齐飞　// 41

　　四、绿水青山　// 44

　　五、和合之道　// 48

第四章　首要任务须把牢——中国式现代化要实现高质量发展 // 53

　　一、必由之路：加快实现高水平科技自立自强　// 54

　　二、战略基点：加快构建新发展格局　// 60

　　三、必然要求：推进农业现代化　// 64

　　四、最终目的：人民幸福安康　// 69

第五章　找到最大公约数——中国式现代化要发展全过程人民民主 // 75

　　一、坚持根本政治制度　// 76

　　二、全面发展协商民主　// 81

　　三、积极发展基层民主　// 84

　　四、巩固发展统一战线　// 87

第六章　自信自强铸辉煌——中国式现代化要丰富人民精神世界　// 93

一、思想之旗指引航向　// 94

二、文化根脉前进源泉　// 97

三、核心价值凝心铸魂　// 100

四、以文化人增强力量　// 104

第七章　增进福祉守民心——中国式现代化要实现全体人民共同富裕　// 109

一、分配制度是基础　// 110

二、就业优先最基本　// 113

三、社会保障促稳定　// 117

第八章　美丽中国靓底色——中国式现代化要促进人与自然和谐共生　// 123

一、绿色转型　关键环节　// 124

二、污染整治　大仗硬仗　// 128

三、生态保护　重大工程　// 133

四、"双碳"行动　深刻变革　// 139

第九章 统筹兼顾系统抓——整体推进中国式现代化 // 145

一、顶层设计与实践探索 // 146

二、战略与策略 // 149

三、守正与创新 // 151

四、效率与公平 // 153

五、活力与秩序 // 156

六、自立自强与对外开放 // 159

第十章 踏平坎坷成大道——推进中国式现代化必须进行伟大斗争 // 163

一、战略清醒明方向 // 164

二、战略自信固底气 // 167

三、战略主动强本领 // 170

结 语 中国式现代化创造了人类文明新形态 // 175

后 记 // 179

第一章 历尽天华成此景

中国式现代化的历史发展

　　中国式现代化是建立在中国的国情、历史和文化基础之上，中国共产党领导中国人民从革命、建设、改革历程中走出来的现代化，是新中国成立后党领导人民奋力开创的中国特色社会主义现代化。100多年来，中国共产党团结带领中国人民进行的一切奋斗、一切牺牲、一切创造，都是为了实现中华民族伟大复兴。以实现中华民族伟大复兴为主题，探索和推进中国式现代化，是一个历史的过程。经过党和人民的不懈奋斗，中华民族迎来了从站起来、富起来到强起来的伟大飞跃，展现出富强民主文明和谐美丽的社会主义现代化强国的美好图景。

一、百折不挠开新篇

中国，是一个具有五千多年悠久历史的文明古国。近代以来，在西方列强的坚船利炮下，国家蒙辱、人民蒙难、文明蒙尘。在这样一个半殖民地半封建的东方大国进行现代化，既面对着农民占人口的绝大多数、小农经济及其社会影响根深蒂固的特殊国情，又遭受着西方列强侵略和压迫，是世界现代化史上前所未有的难题。中国人民为了寻找摆脱民族危亡困境的出路，进行了百折不挠的艰辛探索。

《时局图》形象展示了20世纪初西方列强掀起的瓜分中国的狂潮。熊指的是俄国，它侵占了我国东北大片领土；太阳指日本，它侵占了我国的领土台湾；虎指英国，势力分布在我国长江中下游一带；肠指德国，势力主要在我国山东；一只青蛙紧盯着我国的广东、广西和云南，那是法国；青蛙东边是一只常被忽视的小虾，代表葡萄牙，它侵占了我国澳门；老鹰指的是美国，它在当时提出了门户开放的政策，在利益均沾、机会均等的原则下，也挤入了鲸吞中国的行列

现代化是近代以来的孜孜追求。 根据人类社会发展的一般规律，每个国家和民族最终都将走向现代化，追赶世界现代化潮流、实现中国现代化是近代以来中国人民的共同梦想。中华民族是世界上古老而伟大的民族，有着百万年的人类史、一万年的文化史、五千多年的文明史，为人类文明进步作出了不可磨灭的贡献。1840年鸦片战争以后，由于西方列强入侵和封建统治腐败，中国逐步成为半殖民地半封建社会，中华民族遭受深重灾难。无数仁人志士为此苦苦求索，进行各种尝试，寄希望

于通过现代化运动拯救民族危亡。近代中国曾经发生过三次比较大的现代化运动，但都以失败告终，未能解决中国的前途和命运问题。

以洋务运动为代表的现代化运动，主要推行器物现代化。洋务运动主张制造近代军事装备，建立近代工业，学习西方现代科学技术，发展教育文化，希望在"器"和"用"的层次上建立起强大的军事工业和民用工业。

清同治四年（1865），李鸿章由江苏巡抚升任代理两江总督，在金陵城聚宝门（今中华门）外扫帚巷东首西天寺的废墟上兴建厂房，开办金陵机器制造局

魏源提出的"师夷之长技以制夷"，张之洞提出的"中学为体、西学为用"等主张，在洋务运动中得到充分体现。甲午战争的失败宣告了洋务运动的破产，封建制度的弊端进一步显现出来。

以戊戌变法和辛亥革命为代表的现代化运动，主要模仿制度现代化。以康有为、梁启超为代表的维新派主张全面改革，试图以日本明治维新为样板，推行"新政"，以维新变法推动中国进入现代社会。但因守旧派势力强大，变法被迫中断，维新派为此付出了血的代价。孙中山领导的辛亥革命，推翻了统治中国几千年的君主专制制度，建立了资产阶级民主共和国。之后，议会制、多党制、总统制等各种形式都试过了，结果都行不通。孙中山为了振兴中华，思考和撰写了《建国方略》，这是中国历史上第一部较为系统地论述现代化的著作，但中国现代化的问题并未得到根本解决。

相关链接

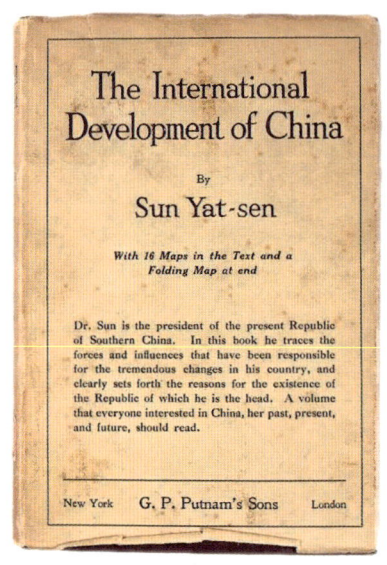

《实业计划》由革命先驱孙中山先生于1918—1919年写成。原稿为英文，题为 The International Development of China。由朱执信、廖仲恺等译为中文，后作为《建国方略》的第二部分——《物质建设》，集中体现了他对中国工农业、交通等实现现代化的宏大设想。他设想：修建10万英里的铁路，以五大铁路系统把中国的沿海、内地和边疆连接起来；修建遍布全国的公路网，修建100万英里的公路；开凿、整修全国的水道和运河，大力发展内河交通和水力、电力事业；在中国北部、中部及南部沿海各修建一个"如纽约港"那样的世界水平的大海港。他还主张鼓励发展个体经济，并为之提供各种便利条件。

以新文化运动和五四运动为代表的现代化运动，主要尝试思想文化上的现代化。新文化运动虽然在思想文化上清除了封建糟粕，但没有使科学和民主的思想真正融入社会。改良主义、自由主义、社会达尔文主义、无政府主义、工团主义等"你方唱罢我登场"，各种主义和思潮都曾在中国进行过尝试，但未能找到中华民族走出困境的方向，中国迫切需要新的思想、新的组织引领现代化运动。

五四运动时，北大红楼和北面民主广场是爱国学生活动的主要场所，现为北京新文化运动纪念馆所在地

现代化探索有了"主心骨"。中国共产党的成立是开天辟地的大事变。十月革命一声炮响，给中国送来了马克思列宁主义，五四运动又促进了马克思主义在中国的传播。在中国人民和中华民族的伟大觉醒中，在马克思列宁主义同中国工人运动的紧密结合中，中国共产党应运而生。中国共产党一经成立，就把为中国人民谋幸福、为中华民族谋复兴确立为自己的初心使命，义无反顾地担负起探索中国现代化道路的历史重任。中国共产党坚持以马克思主义为指导，坚持把马克思主义基本原理同中国具体实际相结合、同中华优秀传统文化相结合，不断推进马克思主义中国化时代化，中国革命和现代化从此有了正确的前进方向，深刻

改变了近代以来中华民族发展的方向和进程。

中国共产党成立之初，就旗帜鲜明地把社会主义和共产主义确定为自己的奋斗目标，坚持用革命的手段实现这个目标；并从中国的实际出发，明确革命分两步走：先进行新民主主义革命，然后进行社会主义革命。在实践中，创立了新民主主义革命的理论和路线，开辟了农村包围城市、武装夺取政权的正确革命道路，为推翻帝国主义、封建主义、官僚资本主义"三座大山"凝聚起强大的革命力量，中国革命的进程深刻改变了中国人民和中华民族的前途和命运。

经过长期革命斗争的千锤百炼，中国共产党不断发展壮大，从一个开始只有50余名党员的党，到新中国成立前夕已成为一个拥有448万余名党员的全国范围内的群众性的马克思主义政党，成为团结带领中国人民进行伟大社会革命的坚强领导力量，为现代化建设奠定了强大的组织基础。

知识卡片

"三大法宝"：统一战线、武装斗争、党的建设，是中国共产党在中国革命中战胜敌人的三个法宝，三个主要的法宝。

为实现现代化创造根本社会条件。像中国这样的经济文化落后的人口大国要实现现代化，首先必须为实现现代化创造根本社会条件，即通过政治革命实现民族独立、人民解放。为了实现民族独立和人民解放，以毛泽东同志为主要代表的中国共产党人进行了艰苦卓绝的新民主主义革命，经过北伐战争、土地革命战争、抗日战争、解放战争，浴血奋战、百折不挠，建立了人民当家作主的中华人民共和国，实现了民族独立、人民解放的历史任务，为实现现代化创造了根本社会条件。

新民主主义革命的伟大胜利，彻底结束了旧中国半殖民地半封建社会的历史，彻底结束了极少数剥削者统治广大劳动人民的历史，彻底结束了旧中国一盘散沙的局面，中华民族开始以崭新的姿态自立于世界民族之林，几千年来受压迫、受奴役的中国人民从此成了新社会和新国家的主人，掌握了决定自己前途和命运的主动权，为实现现代化创造了必要的前提。

1949年10月1日，毛泽东主席按动电钮，新中国第一面五星红旗冉冉升起

新民主主义革命的伟大胜利，从根本上改变了中国社会的发展方向，为实现由新民主主义到社会主义的转变和建立社会主义制度、进行社会主义现代化建设，为中国摆脱贫穷落后的面貌、实现国家繁荣富强和人民共同富裕，扫清了障碍。实现国家富强、民族振兴、人民幸福的现代化不仅有了美好前景，而且有了现实道路。

学习在线

中国式现代化是我们党领导全国各族人民在长期探索和实践中历经千辛万苦、付出巨大代价取得的重大成果，我们必须倍加珍惜、始终坚持、不断拓展和深化。

——2023年2月7日，习近平总书记在学习贯彻党的二十大精神研讨班开班式上的讲话

二、自力更生勇探索

从新中国成立到改革开放前夕，党团结带领人民进行社会主义革命和建设，历经艰辛探索，取得了独创性理论成果和巨大成就，为现代化建设提供了宝贵经验、理论准备、物质基础。

确立社会主义基本制度。 新中国成立后，为了建立和巩固工人阶级领导的、以工农联盟为基础的人民民主专政的国家政权，在1954年召开的第一届全国人民代表大会第一次会议上，通过了《中华人民共和国宪法》。党领导确立人民代表大会制度、中国共产党领导的多党合作和政治协商制度、民族区域自治制度，建立以宪法为核心的我国社会主义法律框架，为人民当家作主提供了有力的制度保证，中国人民在现代化的道路上奋勇向前。

随着国民经济恢复和发展，新民主主义的经济形态已不适应实现国家工业化的要求，需要在短时间内变革所有制结构，按照党在过渡时期的总路线，对个体农业、手工业和资本主义工商业进行社会主义改造。到1956年，党领导的社会主义改造基本完成，社会主义公有制成为我国的经济基础。在我国确立社会主义根本政治制度、基本政治制度和基本经济制度，为社会

上海市民集会庆祝"三大改造"胜利完成

主义建设奠定了根本政治前提和制度基础，为中国式现代化开辟了广阔的前景。

坚持走自己的路。新中国成立之初，鉴于当时国际形势和国内需要，中国搞现代化建设不得不主要模仿苏联的现代化模式。在苏联的帮助下，中国工业化建设取得了初步成效。第一个五年计划的实践表明，单一的社会主义公有制和高度集中的计划经济体制，对于在经济基础薄弱的情况下加快国家工业化建设具有重要的促进作用，但照抄苏联经验的做法，在我国社会主义建设中也暴露出一些弊端，毛泽东及时提出"以苏为鉴"。基于对苏联模式在我国实践的反思，以毛泽东同志为主要代表的中国共产党人进行了前无古人的探索，艰苦奋斗、自力更生，努力寻找适合中国国情的社会主义建设道路，这对于改革开放后开辟中国式现代化道路无疑具有重要意义。

相关链接

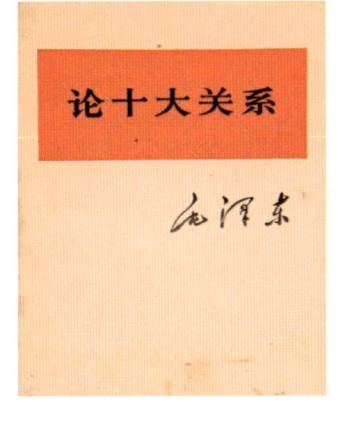

党的八大的召开，标志着党对中国社会主义建设道路的探索取得初步成果。《论十大关系》的发表，则是这一探索的开始。《论十大关系》提出的基本方针："一定要努力把党内党外、国内国外的一切积极的因素，直接的、间接的积极因素，全部调动起来，把我国建设成为一个强大的社会主义国家。"这是毛泽东关于怎样建设社会主义的根本指导思想。毛泽东在总结我国经济建设问题和以苏联经验教训为鉴戒的基础上，论述了十个问题即"十大关系"：前五条主要讨论经济，后五条主要讨论政治。

建立独立的比较完整的工业体系和国民经济体系。新中国刚成立的时候，中国工业以轻工业为主，重工业几乎没有，工业制造水平不仅远远落后于发达国家，也落后于许多发展中国家。集中力量优先发展重工业，把我国由落后的农业国变为先进的工业国，建立独立的比较完整的工业体系和国民经济体系，成为党和人民的奋斗目标。1953年，中共中央正式提出过渡时期总路线，明确要求逐步实现国家的社会主义工业化，集中主要力量发展重工业，相应地发展交通运输业、轻工业、农业和商业，保证在发展生产的基础上，逐步提高人民物质生活和文化生活的水平。

现在我们能造什么？能造桌子椅子，能造茶碗茶壶，能种粮食，还能磨成面粉，还能造纸，但是，一辆汽车、一架飞机、一辆坦克、一辆拖拉机都不能造。

——《毛泽东文集》第六卷，人民出版社1999年版，第329页

1956年7月13日，中国第一台汽车——解放牌载重汽车在吉林省长春市中国第一汽车制造厂（一汽集团前身）成功下线

在社会主义建设时期，坚持以自力更生为主、争取外援为辅的方针，经过实施几个五年计划，到1978年，我国国民生产总值和财政收入比新中国成立初期分别有了几倍、十几倍的增长，原有工业部门大

大加强,"两弹一星"等国防尖端科技不断取得突破,许多新的工业部门从无到有、从小到大迅速发展起来。在旧中国遗留下来的"一穷二白"基础上,建立起独立的比较完整的工业体系和国民经济体系,为中国式现代化奠定了牢固的物质技术基础。

相关链接

第一个五年计划主要经济建设成就图 1953年—1957年

审图号:GS(2021)3573号

从"一五"时期开始,国家以156项重点工程、694个大中型建设项目为中心,进行了大规模工业化建设,逐步建成了一批门类比较齐全的基础工业项目,为国民经济发展打下了坚实的基础。国家从1964年开始的三线建设,不仅在短期内形成了一批新的工业基地和巨大的生产能力,而且改善了工业布局。在工业化建设的同时,交通运输业得到了很大发展,1949年至1980年全国新增铁路2.99万公里,1980年全国公路通车里程达88万多公里,比

> 1949年增加了10倍。农业生产条件也显著改善，生产水平有了较大提高。

提出"四个现代化"奋斗目标。人类社会历史进程中，现代化始于工业化。在相当长时间里，现代化等同工业化成为人们普遍的共识。二战后，世界现代化潮流表明，现代化已成为多维度、整体性的社会发展进程。1954年，毛泽东在一届全国人大一次会议上的开幕词中指出："准备在几个五年计划之内，将我们现在这样一个经济上文化上落后的国家，建设成为一个工业化的具有高度现代文化程度的伟大的国家。"周恩来在这次会议上所作的政府工作报告中明确提出：建设起强大的现代化的工业、现代化的农业、现代化的交通运输业和现代化的国防。

第一个五年计划完成后，"现代科技文化"纳入了我国实现现代化的整体构想之中。周恩来在三届全国人大一次会议上郑重提出实现"四个现代化"的历史任务："在不太长的历史时期内，把我国建设成为一个具有现代农业、现代工业、现代国防和现代科学技术的社会主义强国，赶上和超过世界先进水平。"

经过现代化建设的艰难探索，根据毛泽东的指示，周恩来在1975年1月召开的四届全国人大一次会议上重申："在本世纪内，全面实现农业、工业、国防和科学技术的现代化，使中国国民经济走在世界的前列。""四个现代化"奋斗目标的提出，充分体现了我们党对我国现代化建设规律认识的深化，极大激发了亿万人民建设社会主义国家的积极性主动性创造性，为开辟中国式现代化道路提供了强大的精神动力。

三、解放思想促跨越

党的十一届三中全会以后，以邓小平同志为主要代表的中国共产党人解放思想、实事求是，把党和国家工作中心转移到经济建设上来，实行改革开放，建设有中国特色的社会主义，开启了中国式的现代化新长征。改革开放和社会主义现代化建设取得了举世瞩目的伟大成就，实现了从生产力相对落后的状况到经济总量跃居世界第二的历史性突破，实现了人民生活从温饱不足到总体小康、再到全面建成小康社会的历史性跨越，为中国式现代化提供了充满新的活力的体制保证和快速发展的物质条件。

> **知识卡片**
>
> **党的十一届三中全会：** 1978年12月18日至22日在北京召开。全会决定把全党的工作重点转移到社会主义现代化建设上来，作出实行改革开放的历史性决策。全会重新确立马克思主义的思想路线、政治路线、组织路线，实现了新中国成立以来党的历史上具有深远意义的伟大转折，开启了我国改革开放和社会主义现代化建设的新时期。

提出"中国式的现代化"命题。 改革开放之前，我们党把"四个现代化"作为我国社会主义建设的宏伟目标，邓小平深刻总结探索现代化道路的历史经验。1979年，他指出："过去搞民主革命，要适合中国情况，走毛泽东同志开辟的农村包围城市的道路。现在搞建设，也要适合中国情况，走出一条中国式的现代化道路。"党的十二大明确提出"走自己的道路，建设有中国特色的社会主义"。1983年，邓小平强调："我们搞的现代化,是中国式的现代化。我们建设的社会主义,是有中国特色的社会主义。"

 相关链接

1978年5月10日,中央党校内部刊物《理论动态》第60期发表经胡耀邦审定的《实践是检验真理的唯一标准》一文。5月11日,《光明日报》以特约评论员文章的形式发表。当日,新华社转发此文。12日,《人民日报》《解放军报》以及《解放日报》等全文转载。这篇文章在广大干部群众中引起强烈反响,一场规模宏大、内涵丰富、影响深远的关于真理标准问题的大讨论在全国展开,成为实现党和国家历史性伟大转折的思想先导。

为了与发达国家的现代化相区别,邓小平使用"小康"这一包含中国传统文化丰富内涵的话语来表达,既体现社会全面进步,又反映中国的发展状况,能够通俗形象地描述"中国式的现代化"。1983年春节前夕,邓小平考察苏州时亲眼看到:人民的吃穿用问题解决了,住房问题解决了,就业问题解决了,农村人口不再外流了,公共福利事业有能力自己安排了,人们的精神面貌变化了。他由衷赞叹:"这几条就了不起呀!"邓小平把"四个现代化"定位为中国式的,"小康"代表了中国式现代化的阶段性目标,如"小康之家""小康社会""总体小康""全面小康"等,直到2021年正式宣布全面建成小康社会。

我们要实现的四个现代化,是中国式的四个现代化。我们的四个现代化的概念,不是像你们那样的现代化的概念,而是"小康之家"。到本世纪末,中国的四个现代化即使达到了某种目标,我们的国民生产总值人均水平也还是很低的。要达到第三世界中比较富裕一点的国家的水平,比如国民生产总值人均一千美元,也还得付出很大的努力。就算达到那样的水平,同西方来比,也还是落后的。所以,我只能说,中国到那时也还是一个小康的状态。

——《邓小平文选》第二卷,人民出版社1994年版,第237页

现代化建设战略目标的演进。党的十三大确定了现代化建设的"三步走"发展战略:第一步,实现国民生产总值比1980年翻一番,解决人民的温饱问题;第二步,到20世纪末,使国民生产总值再增长一倍,人民生活达到小康水平;第三步,到21世纪中叶,人均国民生产总值达到中等发达国家水平,人民生活比较富裕,基本实现现代化。"三步走"发展战略描绘了中国式现代化的蓝图,是一个既切实可行又鼓舞人心的发展战略。到2000年,我国GDP总量由1980年的4587.6亿元上升为100280.1亿元,人均GDP由468元上升为7942元,如期完成了前两步发展目标。

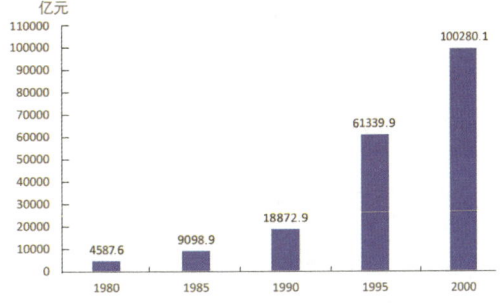

1980—2000年中国GDP增长柱状图

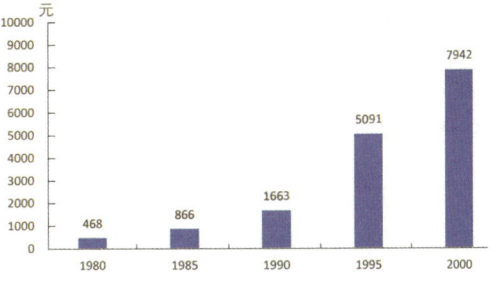

1980—2000年中国人均GDP增长柱状图

党的十六大明确提出，在本世纪头二十年，全面建设惠及十几亿人口的更高水平的小康社会，使经济更加发展、民主更加健全、科教更加进步、文化更加繁荣、社会更加和谐、人民生活更加殷实。全面建设小康社会是实现第三步战略目标必经的发展阶段，经过这个阶段的建设，再继续奋斗几十年，到本世纪中叶基本实现现代化。2010年，中国GDP超过日本，成为世界第二大经济体，同期我国人均GDP达到30808元，我国现代化建设显现出光明前景。

逐步形成现代化建设布局。中国式现代化是社会主义的现代化，中国特色社会主义事业的总体布局决定现代化建设布局。党的十二大提出在建设高度物质文明的同时，努力建设高度的社会主义精神文明，把我国建设成为高度文明、高度民主的社会主义国家。党的十三大将把我国建设成为富强民主文明的社会主义现代化国家作为奋斗目标，形成了经济、政治、文化"三位一体"的现代化建设布局。党的十六大作出全面建设小康社会、开创中国特色社会主义事业新局面的战略部署，发展社会主义市场经济、社会主义民主政治和社会主义先进文化，促进社会主义物质文明、政治文明和精神文明协调发展，体现了党对"三位一体"总体布局认识的深化。

党的十六届四中全会提出构建社会主义和谐社会的战略任务。党的十七大提出推进以改善民生为重点的社会建设，建立覆盖城乡居民的社会保障体系，健全基层社会管理体制，改善人民生活，促进社会和谐稳定，中国特色社会主义事业总体布局扩展为社会主义经济建设、政治建设、文化建设、社会建设"四位一体"。随着中国特色社会主义事业的向前发展，现代化建设布局也在不断完善。党的十八大把生态文明建设放在突出地位，纳入中国特色社会主义事业总体布局，现代化建设布局从"四位一体"拓展为"五位一体"。

四、守正创新强起来

康庄大道并不等于一马平川。经过几代中国共产党人的长期不懈奋斗,特别是党的十八大以来的砥砺前行,党和国家事业站到了新的历史起点上。我们不断实现理论和实践上的创新突破,成功推进和拓展了中国式现代化,为强国建设、民族复兴提供了更为完善的制度保证、更为坚实的物质基础、更为主动的精神力量。

> **知识卡片**
>
> **新"三步走"战略目标**:到 2020 年全面建成小康社会,2020 年以后,在全面建成小康社会的基础上,用两个 15 年实现中国社会主义现代化:从 2020 年到 2035 年,基本实现社会主义现代化;从 2035 年到本世纪中叶,把我国建成富强民主文明和谐美丽的社会主义现代化强国。这一宏伟蓝图站在历史和时代高度,明确了中国式现代化进程中的奋斗目标,是继 20 世纪 80 年代邓小平提出"三步走"战略以来作出的新的战略安排,反映了中国共产党几代领导人对中国式现代化的接续推进和不断拓展深化。

中国式现代化理论体系初步构建。理论是行动的指南。习近平总书记在推进中国式现代化的实践中,不断思考中国式现代化的理论问题,在党的十九届五中全会上明确提出"中国式现代化"的理论命题,系统阐发了中国式现代化的五个基本特征。党的二十大报告中,进一步深化对中国式现代化的内涵和本质的认识,概括了中国式现代化的中国特色、本质要求和重大原则,初步构建中国式现代化的理论体系,使中国式现代化更加清晰、更加科学、更加可感可行。

> **知识卡片**
>
> **中国式现代化的中国特色：** 中国式现代化是人口规模巨大的现代化，是全体人民共同富裕的现代化，是物质文明和精神文明相协调的现代化，是人与自然和谐共生的现代化，是走和平发展道路的现代化。
>
> **中国式现代化的本质要求：** 坚持中国共产党领导，坚持中国特色社会主义，实现高质量发展，发展全过程人民民主，丰富人民精神世界，实现全体人民共同富裕，促进人与自然和谐共生，推动构建人类命运共同体，创造人类文明新形态。
>
> **中国式现代化的重大原则：** 坚持和加强党的全面领导，坚持中国特色社会主义道路，坚持以人民为中心的发展思想，坚持深化改革开放，坚持发扬斗争精神。

中国式现代化目标更加明确。 党的二十大围绕未来五年我国经济社会发展的主要目标任务，对经济建设、政治建设、文化建设、社会建设、生态文明建设和党的建设，以及国防和军队建设、港澳台工作、外交工作等进行了全面部署，为亿万人民奋进新征程、建功新时代提供了行动指南，使中国式现代化目标更加明确、蓝图更加清晰。特别是党的二十大报告对教育科技人才、全面依法治国、国家安全三个方面列出专章，相应提出了一系列重大任务部署。这在党的全国代表大会上还是第一次，体现了打基础、补短板、强弱项的战略考量，反映了对现代化建设规律的深刻把握。

> **知识卡片**
>
> **六个必须坚持：** 必须坚持人民至上，必须坚持自信自立，必须坚持守正创新，必须坚持问题导向，必须坚持系统观念，必须坚持胸怀天下。

> **相关链接**
>
> 党的二十大报告提出了建设"13个强国""5个中国",即教育强国、科技强国、人才强国、文化强国、体育强国、制造强国、质量强国、航天强国、交通强国、网络强国、农业强国、海洋强国、贸易强国,以及法治中国、平安中国、健康中国、美丽中国、数字中国。

中国式现代化实践不断丰富。 实践最有说服力。进入新时代以来,我们党采取一系列战略性举措,推进一系列变革性实践,实现一系列突破性进展,取得一系列标志性成果。在经济建设上,我国经济发展平衡性、协调性、可持续性明显增强,国内生产总值突破百万亿元大关,人均国内生产总值超过一万美元,国家经济实力、科技实力、综合国力跃上新台阶,我国经济迈上更高质量、更有效率、更加公平、更可持续、更为安全的发展之路。在政治建设上,我国社会主义民主政治制度化、规范化、程序化全面推进,中国特色社会主义政治制度优越性得到更好发挥,生动活泼、安定团结的政治局面得到巩固和发展。在文化建设上,我国意识形态领域形势发生全局性、根本性转变,全党全国各族人民文化自信明显增强,全社会凝聚力和向心力极大提升,为新时代开创党和国家事业新

"深海一号"能源站

海南自由贸易港

局面提供了坚强思想保证和强大精神力量。在社会建设上，我国社会建设全面加强，人民生活全方位改善，社会治理社会化、法治化、智能化、专业化水平大幅度提升，发展了人民安居乐业、社会安定有序的良好局面，续写了社会长期稳定奇迹。在生态文明建设上，以前所未有的力度抓生态文明建设，全党全国推动绿色发展的自觉性和主动性显著增强，美丽中国建设迈出重大步伐，我国生态环境保护发生历史性、转折性、全局性变化。

延伸阅读

① 习近平：《正确理解和大力推进中国式现代化》，《人民日报》2023年2月8日。

② 习近平：《加快建设科技强国，实现高水平科技自立自强》，《求是》2022年第9期。

第二章 万山磅礴看主峰

中国式现代化必须坚持党的领导

沧海横流显砥柱，万山磅礴看主峰。中国式现代化，是中国共产党领导的社会主义现代化。这是对中国式现代化定性的话，是管总的、管根本的。在中华民族走向伟大复兴的漫漫征途中，中国共产党的领导就像"擎天玉柱、驾海金梁"，是当代中国取得一切发展进步的根本政治前提和保证，决定着中国式现代化的根本方向、前途命运、最终成败。

一、决定根本性质

党的二十大报告把坚持中国共产党的领导作为中国式现代化本质要求的第一条加以明确,同时还把坚持和加强党的全面领导列为推进中国式现代化必须牢牢把握的第一条重大原则。为什么要强调党在中国式现代化建设中的领导地位?这是因为,党的领导决定中国式现代化的根本性质,决定了中国式现代化是社会主义现代化,而不是别的什么现代化。

从党的性质宗旨看。对马克思主义政党而言,性质宗旨昭示着党存在的根本目的,代表着其质的规定性以及与其他政党的本质区别。中国共产党是中国工人阶级的先锋队,同时是中国人民和中华民族的先锋队。我们党始终把为中国人民谋幸福、为中华民族谋复兴作为自己的初心使命。无论是"全心全意为人民服务",还是"必须同群众打成一片";无论是"坚持人民至上",还是"坚持以人民为中心的发展思想",一代代中国共产党人始终与人民同呼吸、共命运、心连心,深刻说明了我们推进和拓展中国式现代化就是要带领人民创造美好生活。

从党的信仰信念看。中国共产党是以马克思主义为指导的无产阶级政党,对马克思主义的信仰、对社会主义和共产主义的信念,是共产党人的政治灵魂。我们坚持把马克思主义作为根本指导思想,为中国式现代化提供了科学指引。中国式现代化的"中国式",从根本上讲就是基于中国特色社会主义而形成的,同时也反映在"党的领导"这个根本要求上。党的领导是中国特色社会主义最本质的特征,也是中国特色社会主义制度的最大优势。只有毫不动摇坚持党的领导,中国式现代化才能前景光明、繁荣兴盛;否则就会偏离航向、丧失灵魂,甚至犯颠覆性错误。

> **学习在线**
>
> 中国式现代化是我们党领导全国各族人民在长期探索和实践中历经千辛万苦、付出巨大代价取得的重大成果,我们必须倍加珍惜、始终坚持、不断拓展和深化。
>
> ——2023年2月7日,习近平总书记在学习贯彻党的二十大精神研讨班开班式上的讲话

从党的政策主张看。 党的一切政策主张都是为了能够在现代化进程中更好地发展社会主义事业,使社会主义事业更加兴旺发达,决定了中国式现代化的社会主义性质。在中国式现代化这条道路上,我们坚定不移走中国特色社会主义道路,确保中国式现代化在正确的轨道上顺利推进;不断开辟马克思主义中国化时代化新境界,为中国式现代化提供科学指引;坚持和完善中国特色社会主义制度,为中国式现代化稳步前行提供坚强制度保证;坚持和发展中国特色社会主义文化,为中国式现代化提供强大精神力量……历史已经证明并将继续证明,只有中国共产党的领导可以确保中国式现代化始终沿着社会主义方向前进,走出光明大道,赢得光辉未来。

二、确保行稳致远

举网以纲，千目皆张。回望走过的路，远眺前行的路，正是因为有了党的领导，才能确保中国式现代化一直有明确的前进方向、清晰的奋斗目标，才能做到一张蓝图绘到底。

始终不渝的奋斗目标。 百年风雨跋涉，百年壮歌以行。把我国建设成为社会主义现代化国家，是中国共产党念兹在兹的历史宏愿、始终不渝的奋斗目标。自诞生之日起，中国共产党团结带领人民所进行的一切奋斗，就是为了把我国建设成为现代化强国，实现中华民族伟大复兴。一代代中国共产党人为此进行了艰辛探索与不懈奋斗。纵然走过弯路，也遭遇过一些意想不到的困难和挫折，但建设社会主义现代化国家的意志和决心始终没有动摇。新中国成立特别是改革开放以来，我们用几十年时间走完西方发达国家几百年走过的工业化历程，创造了经济快速发展和社会长期稳定的奇迹，为中华民族伟大复兴开辟了广阔前景。

久久为功的扎实推进。 实现宏伟目标不可能一蹴而就。作为一个坚定的马克思主义政党，中国共产党善于把远大理想、最高纲领同脚踏实地、阶段性目标结合起来。观察中国式现代化，"五年规划"是一个重要窗口。新中国成立以来，我国以14个五年规划（计划）书写了人类历史上最为波澜壮阔的现代化篇章。用中长期规划指导经济社会发展，充分彰显了中国共产党领导的政治优势。在政党对比的视角中，这一显著优势更加凸显：我们党坚持把远大理想和阶段性目标统一起来，一旦确立目标，就咬定青山不放松，接续奋斗、艰苦奋斗、不懈奋斗，从根本上超越了资本主义国家政党纷争、党派偏私与政策前后不一、朝令夕改的弊端。

知识卡片

五年规划（计划）：五年规划全名叫"中华人民共和国国民经济和社会发展五年规划纲要"。在"六五"之前，名字中只有"国民经济"，并不包含"社会发展"。名字变长意味着五年规划覆盖面越来越广，系统性越来越强，不再是单一的经济发展规划。

在2006年之前，"规划"都是叫"计划"的。从"十一五"（2006—2010年）开始，"五年计划"变成了"五年规划"。一字之差，却是我国由计划经济体制向市场经济体制深刻转变的体现。

书写新篇的时代接力。中国特色社会主义进入新时代，新一代中国共产党人接过历史的接力棒，在长期探索和实践的基础上，认识不断深化，战略不断完善，实践不断丰富，不断实现理论和实践上的创新突破，成功推进和拓展了中国式现代化。从明确"以中国式现代化全面推进中华民族伟大复兴"到初步构建中国式现代化的理论体系，从消除绝对贫困问题、全面建成小康社会到确定分"两步走"全面建成社会主义现代化强国的时间表……以习近平同志为核心的党中央团结带领亿万人民锚定目标、接续奋斗，书写了中国式现代化的崭新篇章。

CR300BF型"复兴号"动车组在江苏扬州东站准备发车

三、激发强劲动力

改革开放是决定当代中国命运的关键一招,也是决定中国式现代化成败的关键一招。我们党勇于改革,坚定不移扩大开放,不断破除各方面体制机制弊端,为中国式现代化注入不竭动力。

改革开放是重要法宝。1978年12月党的十一届三中全会召开,开启了我国改革开放和社会主义现代化的伟大征程。回想改革开放之初,虽然我们国家大、人口多、底子薄,面对着重重困难和挑战,但我们对未来充满信心,咬定青山不放松,风雨无阻向前进。正是基于改革开放这个"关键一招",我们党不断推进各领域体制改革,形成符合当代中国国情、充满生机活力的体制机制,让一切劳动、知识、技术、管理、资本等要素的活力竞相迸发,让一切创造社会财富的源泉充分涌流。

不坚持社会主义,不改革开放,不发展经济,不改善人民生活,只能是死路一条。

——《邓小平文选》第三卷,人民出版社1993年版,第370页

改革开放是根本动力。改革开放是解放和发展社会生产力的关键,也是推动国家发展的根本动力。党的十八大以来,以习近平同志为核心的党中央以巨大的政治勇气全面深化改革,打响改革攻坚战,加强改革顶层设计,敢于突进深水区,敢于啃硬骨头,敢于涉险滩,敢于面对新矛盾新挑战,冲破思想观念束缚,突破利益固化藩篱,坚决破除各方面体制机制弊端,实现改革由局部探索、破冰突围到系统集成、全面深化的转变,开创了我国改革开放新局面。从夯基垒台、立柱架梁到全面推进、积厚成势,再到系统集成、协同高效,全面深化改革蹄疾步稳,各领域

基础性制度框架基本建立，许多领域实现历史性变革、系统性重塑、整体性重构，一幅现代化的宏伟蓝图在东方徐徐展开。

相关链接

以完善产权制度和要素市场化配置为重点深化经济体制改革，使市场在资源配置中起决定性作用和更好发挥政府作用；加快实施创新驱动发展战略，143项深化科技体制改革任务全面完成；持续深化医药卫生体制改革，已开展的7批集采累计降低百姓用药负担约3000亿元……新时代以来，各方面先后出台2000多个改革方案，目标指向一以贯之，重大部署接续递进。

改革开放永远在路上。 改革创新是通往长久繁荣的必由之路。我们已经走过千山万水，但仍须跋山涉水。前进道路上，中国式现代化还有许多未知领域，需要我们在实践中大胆探索，通过改革创新来推动事业发展，决不能刻舟求剑、守株待兔。改革只有进行时，没有完成时，中国对外开放的大门只会越开越大。必须深入推进改革开放，着力破解深层次体制机制障碍，不断彰显中国特色社会主义制度优势，不断增强社会主义现代化建设的动力和活力，把我国制度优势更好转化为国家治理效能，在新时代新征程上谱写中国式现代化更加灿烂的篇章。

> **学习在线**
>
> 建成社会主义现代化强国,实现中华民族伟大复兴,是一场接力跑,我们要一棒接着一棒跑下去,每一代人都要为下一代人跑出一个好成绩。
> ——2018年12月18日,习近平总书记在庆祝改革开放40周年大会上的讲话

四、凝聚磅礴力量

中国式现代化是一个系统工程,也是亿万人民自己的事业,人民是中国式现代化的主体,必须紧紧依靠人民,尊重人民创造精神,汇聚全体人民的智慧和力量,才能推动中国式现代化澎湃向前。

现代化的本质是人的现代化。现代化的最终目标是实现人的自由而全面的发展。尊重人的价值、激发人的能量、成就人的梦想,是伟大事业最深厚的价值底色,也是党领导现代化建设的出发点和落脚点。从四分五裂、一盘散沙到高度统一、民族团结,从积贫积弱、一穷二白到全面小康、繁荣富强,从被动挨打、饱受欺凌到独立自主、坚定自信,中国人民彻底摆脱了被欺负、被压迫、被奴役的命运,成为国家、社会和自己命运的主人,正在信心百倍地书写着新时代中国发展的伟大历史。事实充分证明,

中国式现代化是中国共产党领导的社会主义现代化，人民是逻辑起点，人民是价值旨归。

实现现代化必须走好群众路线。群众路线是我们党的生命线和根本工作路线，是我们党永葆青春活力和战斗力的重要传家宝。回望建党百余年历史，中国共产党之所以能够保持先进性和纯洁性、不断发展壮大并始终充满生机活力，一个重要原因就是坚持群众路线，坚持一切为了群众、一切依靠群众，从群众中来、到群众中去，始终与人民心连心、同呼吸、共命运，凝聚起攻无不克、战无不胜的磅礴伟力。现代化新征程上，坚持群众路线，就是要把群众路线贯彻到党治国理政全部活动之中，想问题、作决策、办事情注重把准人民脉搏、回应人民关切、体现人民愿望、增进人民福祉，使党的理论和路线方针政策得到人民群众衷心拥护。

典型案例

扬州景区：在"四下基层"中走稳"群众路线"

"四下基层"是指"宣传党的路线、方针、政策下基层，调查研究下基层，信访接待下基层，现场办公下基层"，是习近平同志在福建工作期间大力倡导并身体力行的工作经验。

在学习贯彻习近平新时代中国特色社会主义思想主题教育中，江苏省扬州市蜀冈—瘦西湖风景名胜区紧紧围绕"学思想、强党性、重实践、建新功"的总体要求，以"五个一百"（"百个支部共学习、百名书记上党课、百个典型促提升、百条建议促发展、百件实事暖民心"）实践活动推动"四下基层"走深走实,让党员干部深入一线面对面宣传思想、心贴心服务群众、实打实推动发展,在"四下基层"中走稳"群众路线"。

深入开展"百名书记上党课""百个支部共学习"活动,景区党工委领导班子成员带头深入分管领域和挂联村社区讲好专题党课,把党的路线方针政策讲清楚讲明白。

紧扣发展所需、改革所急、稳定所忧、群众所盼,用好"1234"调研方法:领导班子成员各领1个调研课题;充分发挥领导班子成员联系乡(街)、村(社区)、服务重点企业、高层次人才、重要乡贤和挂钩基层党支部联系点2项制度作用;深入开展走进重点企业、重点项目、重点户家"3走进"活动;区主题教育办高效统筹调研日程、单位、内容、方式4个方面。

深化"信访突出问题攻坚化解巩固提升年"行动,变"被动接访"为"主动走访",推动问题矛盾预防在前、发现在早、化解在小。

坚持"一线工作法",每月安排1次基层现场办公,紧盯"四个走在前""四个新"重大任务和景区全年目标任务,做到在一线找问题、在一线破难题、在一线抓落实。

为实现美好生活共同奋斗。现代化既是宏大的事业,也是亿万人民点滴生活的真实写照。带领人民创造美好生活,是我们党始终不渝的奋斗目标。我们党自诞生以来,无论革命、建设、改革哪个阶段,一切奋斗的根本目的,都是让人民过上好日子。经过长期艰苦奋斗,中国人民生活发生了翻天覆地的变化。忍饥挨饿、缺吃少穿这些几千年来困扰中国人民的问题总体上一去不复返了。天上不会掉馅饼,美好生活不会凭空来,只有努力奋斗才能梦想成真。现代化新征程上,我们要把人民对美好生活的向往作为奋斗目标,永远保持共产党人的奋斗精神,永远保持对人民的赤子之心,始终同人民想在一起、干在一起,激发人民以主人翁精神满怀热忱地投身到火热的现代化建设中来，创造以人民为中心的现代化新道路，最大限度让全体人民共享现代化建设成果。

我们的现代化既是最难的，也是最伟大的。回首过往的奋斗路，新时代的伟大成就是党和人民一道拼出来、干出来、奋斗出来的。眺望前方的奋进路，只有全体人民心往一处想、劲往一处使，同舟共济、众志成城，敢于斗争、善于斗争，中国式现代化道路才能越走越宽广。

学习在线

我们坚持把人民对美好生活的向往作为奋斗目标，坚持以人民为中心的发展思想，着力保障和改善民生，着力解决人民急难愁盼问题，让中国式现代化建设成果更多更公平地惠及全体人民。

——2023年2月7日，习近平总书记在新进中央委员会的委员、候补委员和省部级主要领导干部学习贯彻习近平新时代中国特色社会主义思想和党的二十大精神研讨班上的讲话

延伸阅读

① 习近平：《论党的自我革命》，党建读物出版社2023年版。

② 《习近平关于全面从严治党论述摘编》，中央文献出版社2021年版。

康庄大道复兴路

中国式现代化的中国特色

人类走向现代化的历史告诉我们，现代化是世界各国发展的必由之路，但各国的现代化道路又各不相同，世界上不存在定于一尊的现代化模式，也不存在放之四海而皆准的现代化标准。中国式现代化既有各国现代化的共同特征，更有基于自己国情的中国特色。党的二十大报告明确概括了中国式现代化五个方面的中国特色，这既是对中国式现代化特征及内涵的科学概括，也是对中国式现代化建设的实践要求，为全面建成社会主义现代化强国、实现中华民族伟大复兴指明了一条康庄大道。

一、人民至上

人口规模巨大是中国式现代化的显著特征。人口规模不同，现代化的任务就不同，其艰巨性、复杂性就不同，发展途径和推进方式也必然具有自己的特点。

人口规模巨大是中国的特殊国情。 中国有着 14 亿多的人口，占世界总人口的 1/5。迄今为止，世界上实现了工业化的国家不超过 30 个，人口总数不超过 10 亿。中国人口规模超过现有发达国家人口的总和，又是后发现代化国家，如果整体迈入现代化，必将极大改变现代化的世界版图，成为人类历史上一件有深远影响的大事。

> **学习在线**
>
> 我们的现代化既是最难的，也是最伟大的。从这个角度看，紧紧依靠工人阶级是必不可少的，工人阶级代表先进生产力。
>
> ——2022 年 10 月 17 日，习近平总书记参加党的二十大广西代表团讨论

中国式现代化是人类历史上规模最大的现代化。 回顾人类现代化进程，18 世纪下半叶英国开启现代化时人口是千万级的，20 世纪美国逐渐领跑现代化时人口是亿级的。当前，现代化国家中，人口总量最大的国家是美国，其次是日本。美国现有人口 3.33 亿，日本 1.25 亿。但是，美国的人口总数也只是中国的 1/4，而日本只是中国的 1/11。其他国家像德国、英国、法国、意大利、西班牙、澳大利亚、韩国、加拿大等，人口规模都处在数千万的量级；德国在这一层级排名第一，人口是 8400 多万。瑞士、丹麦、芬兰、挪威、新加坡等处在数百万的量级。新加坡人口是

560多万，国土面积只有733平方公里，是"国家城市、城市国家"。

中国式现代化堪称难度最大的现代化。人口规模巨大、地区差异悬殊，再加上资源相对不足、环境承载力较弱，这些因素综合在一起，给我们的现代化带来了一系列难题和挑战。以中国的体量，再大的成就除以14亿多人都会变得很小，再小的问题乘以14亿多人都会变得很大。正如习近平总书记所指出的，光是解决14亿多人的吃饭问题，就是一个不小的挑战。还有就业、分配、教育、医疗、住房、养老、托幼等问题，哪一项解决起来都不容易，哪一项涉及的人群都是"天文数字"。在中国式现代化实践进程中，需要推动巨量人口从乡村向城镇有序流动，实现高水平的科技自立自强，解决东中西部经济社会发展不平衡问题，缩小先富群体与低收入群体收入差距，等等。这里涉及的改革发展稳定的每一项任务都无比繁重，每一项挑战都无比艰巨。

大有大的难度，大也有大的优势。毛泽东曾指出："世间一切事物中，人是第一个可宝贵的。"人口规模巨大在给中国的现代化带给严峻挑战与考验的同时，也意味着巨大的红利与优势。如果结构优化、素质提升，那么超大规模的人口将成为推进中国式现代化实践的最可宝贵的财富。而14亿多中国人民对于美好生活的向往与奋斗，也将成为推动中国式现代化最为澎湃的动能。人口规模巨大，还意味着超大的经济体量与市场规模。当前中国已经拥有8.8亿劳动年龄人口，4亿以上中等收入

2023年春运，铁路节前高峰日最高可开行旅客列车6077对，节后高峰日最高可开行旅客列车6107对；高速公路小客车春运期间日均流量约为2620万辆；全民航日均安排客运航班11000班，有效保障群众出行

群体，每年进口商品和服务约2.5万亿美元，超大规模的全国统一大市场为加快建设门类齐全、高质高效的现代化产业体系提供了可能，为新技术、新产业、新业态、新模式提供了创新土壤和丰富应用场景，为应对各种不确定难预料因素提供了强大韧劲和回旋空间。

惟其艰难，方显伟大。回望过去，在中国共产党坚强领导下，作为世界人口最多的国家之一，我国用70多年时间走完了发达国家200多年的工业化历程，成功建立起全世界最完整最齐全的现代工业体系，实现从落后农业大国向世界性工业大国的跨越式发展与历史性转变。特别是党的十八大以来，党领导人民自信自强、守正创新，成功实施了人类历史上规模空前、力度最大、惠及人口最多的脱贫攻坚战，用占世界9%的耕地养活了占世界近20%的人口，推动实现更加充分、更高质量的就业，建成世界上规模最大的教育体系、社会保障体系、医疗卫生体系。中国式现代化得到了有力的推进与拓展。

> **相关链接**
>
>
>
> 2021年2月25日，北京人民大会堂，全国脱贫攻坚总结表彰大会隆重举行。习近平总书记宣布："我国脱贫攻坚战取得了全面胜利，现行标准下9899万农村贫困人口全部脱贫，832个贫困县全部摘帽，12.8万个贫困村全部出列，区域性整体贫困得到解决，完成了消除绝对贫困的艰巨任务。"

远眺未来,新征程上推进中国式现代化,必须正确把握与科学应对超大规模人口这一现实国情。正如习近平总书记强调的那样,我们想问题、作决策、办事情,首先要考虑人口基数问题,考虑我国城乡区域发展水平差异大等实际,既不能好高骛远,也不能因循守旧,要保持历史耐心,坚持稳中求进、循序渐进、持续推进。要在党的坚强领导下,牢牢把握人口发展的战略主动、引领人口高质量发展,充分激发广大人民群众的积极性、主动性、创造性,将14亿多人的勤劳与智慧汇在一起,凝聚成推动中国式现代化不断发展的磅礴力量。

> **学习在线**
>
>
>
> 新四军的历史充分说明,民心向背决定着历史的选择,江山就是人民、人民就是江山。
>
> ——2023年12月3日,习近平总书记在江苏盐城参观新四军纪念馆时的讲话

二、共同富裕

2023年4月,一个江南小渔村走上共富路的视频刷爆网络。从江南小渔村到千亿级现代化乡村,位于无锡江阴市的长江村如今已是"家家

长江村概貌

住别墅,人人享股份,户户有存款"。50多年来,长江村在中国共产党的带领下大力发展村集体经济,在奋斗中实现幸福生活,谱写了一曲鲜活的江苏乡村奋斗之歌。2021年,长江村捐资500万参与全国县域首个"乡村振兴·共富基金",以行动践行了中国共产党实现全体人民共同富裕的庄严承诺。正是一个个类似长江村共富实践的"涓涓细流",汇成了中国式现代化共富历史征程的"大江大河"。

相关链接

2023年2月21日,江苏发布省委一号文件《关于做好2023年全面推进乡村振兴重点工作的实施意见》。这是21世纪以来江苏指导"三农"工作的第20个省委一号文件,体现了时代性,鲜明提出加快建设农业强省的要求,明确新时代新征程农业农村现代化的主攻方向;保持了连续性,再次聚焦年度重点工作、阶段性任务,与2021年、2022年文件一脉相承;突出了针对性,围绕加快建设农业强省,突出当前全面推进乡村振兴的重点任务,提出7个方面40条具体举措,作出细化部署。

中国式现代化是全体人民共同富裕的现代化。治国之道,富民为始。实现全体人民共同富裕既是中国特色社会主义的本质要求,也是中国式现代化的本质特征。正确认识和准确把握这一本质特征，对于推进中国式现代化行稳致远至关重要。

扎实推进共同富裕，是区别于西方现代化的显著标志。 西方现代化有着难以克服的弊病，其最大的弊端就是以资本为中心，追求资本利益最大化而不是服务绝大多数人的利益，导致贫富差距大、两极分化严重。一些发展中国家在现代化过程中曾接近发达国家的门槛，却掉进了"中等收入陷阱"，长期陷于停滞状态，甚至严重倒退，一个重要原因同样是没有解决好两极分化、阶层固化等问题。不同于西方现代化以资本为中心，中国式现代化坚持以人民为中心的发展思想，把实现人民对美好生活的向往作为现代化建设的出发点和落脚点，服务绝大多数人的利益，不断满足人民群众对美好生活的需要，着力维护和促进社会公平正义，扎实推进全体人民共同富裕，坚决防止两极分化。

相关链接

> 2019年，美国的基尼系数已上升至0.415，超过贫富差距过大警示线；2021年，美国1%最富有群体的财富超过底层90%的群体的财富总和，贫困率达11.6%。

扎实推进共同富裕，已有清晰的战略规划。 党的十九大以后，中国共产党将实现共同富裕进一步提上议事日程，战略规划更加清晰。到2035年，人民生活更加幸福美好，居民人均可支配收入再上新台阶，中等收入群体比重明显提高，基本公共服务实现均等化，人的全面发展、全体人民共同富裕取得更为明显的实质性进展；到本世纪中叶，全体人民共同富裕基本实现，我国人民将享有更加幸福安康的生活，中华民族将以更加昂扬的姿态屹立于世界民族之林。在推动高质量发展的同时，着力解决好就业、分配、教育、医疗、住房、养老、托幼等民生问题，构建三次分配协调配套的制度体系，规范收入分配秩序，规范财富积累机制，依法引导和规范资本健康发展，逐步扩大中等收入群体、缩小收入分配差距，让现代化建设成果更多更公平惠及全体人民，坚决防止两极分化。

> **学习在线**
>
> 实现共同富裕的目标，首先要通过全国人民共同奋斗把"蛋糕"做大做好，然后通过合理的制度安排正确处理增长和分配关系，把"蛋糕"切好分好。
>
> ——2021年12月8日，习近平总书记在中央经济工作会议上的讲话

扎实推进共同富裕，要保持历史耐心。实现全体人民共同富裕是一个长期历史过程，必须久久为功，因时制宜，因地制宜。习近平总书记指出："我国正处于并将长期处于社会主义初级阶段，我们不能做超越阶段的事情，但也不是说在逐步实现共同富裕方面就无所作为，而是要根据现有条件把能做的事情尽量做起来，积小胜为大胜，不断朝着全体人民共同富裕的目标前进。"共同富裕是长期任务也是现实任务，既不能急也不能等，要实事求是、认认真真地做。这就要求我们要正视城乡、区域以及个体间的差异，不能超越实际、超越阶段，要因时因地、实事求是地促进全体人民共同富裕。

> **学习在线**
>
> 共同富裕体现中国特色社会主义本质要求，但不是捆绑在一起像螃蟹一样谁也动不了，要鼓励一部分人先富起来。但后半句话不能忘了，

"先富带后富"。这符合我们中国特色社会主义发展道路，走正道就是这么走。

——2023年6月8日，习近平总书记在内蒙古自治区党委和政府工作汇报会上的讲话

三、两翼齐飞

在文化繁荣的江南，保存着一座古老街区：苏州平江历史文化街区。平江历史文化街区被联合国教科文组织誉为证明历史街区"可以走向永续发展"的范例，并在2022年入选首批国家级旅游休闲街区。苏州市采取"修旧如旧，保存其真"的修缮方式，在平江历史文化街区实现了新与旧的融合，使之成为利用古城优势招商引资、发展文旅经济的"苏州样本"。2023年7月6日，习近平总书记在苏州市平江历史文化街区考察时说："昨天我看了工业园区，今天又看了传统文化街区，到处都是古迹、名胜、文化，生活在这里很有福气。"一条平江路，半部江南史，一幅传统文明与现代文明、物质文明与精神文明交融汇通的"双面绣"正在渐渐织就。

苏州平江历史文化街区

> **学习在线**
>
> 上有天堂下有苏杭，苏杭都是在经济发展上走在前列的城市。文化很发达的地方，经济照样走在前面。可以研究一下这里面的人文经济学。
> ——2023年3月5日，习近平总书记在参加十四届全国人大一次会议江苏代表团审议时的讲话

中国式现代化是物质文明和精神文明相协调的现代化。中国式现代化以促进人的自由全面发展为目标，既强调物质财富极大丰富，也强调精神财富极大丰富，是追求国家物质力量与精神力量相促进、人民物质生活和精神生活都富裕的现代化。

既要物质富足，也要精神富有，是中国式现代化的崇高追求。比较而言，西方现代化有着"重物质轻精神"的弊病。在推进现代化进程中，一些西方国家以资本为中心，往往见物不见人，重物质而轻精神，带来精神虚无、信仰丧失、私欲膨胀等大大小小的"现代病"，一边是财富的积累，一边是信仰缺失、物欲横流。西方国家之所以日渐陷入困境，一个重要原因就是无法遏制资本贪婪的本性，无法解决物质主义膨胀、精神贫乏等痼疾。中国式现代化追求物质文明和精神文明相协调，这既是社会主义的内在要求，也是对中华优秀传统文化的传承与弘扬。物质贫困不是社会主义，精神贫乏也不是社会主义；只有物质文明和精神文明都搞好了，才是真正的社会主义，才能为向共产主义社会过渡创造充分的条件。中华文明历来注重把人的精神生活纳入人生和社会理想之中，物质生活充实无忧、道德境界充分升华的大同世界早就成为中华民族的先人们的向往。中国共产党自觉传承中华优秀传统文化，充分吸收其中的精神能量，构建起物质文明与精神文明协调共进的中华民族现代文明。

相关链接

近些年来,受阶层固化、享乐主义等因素的影响,美国千禧一代和Z世代青年对未来产生了浓浓的"无力感"。据统计,仅2010年至2021年,死于毒品的青少年人数就增加了20多倍。

坚持两手抓、两手硬,促进物质文明和精神文明相互协调、相互促进。 中国式现代化既要"富口袋",也要"富脑袋",不可偏废,而"富脑袋"更持久、更深沉、更有力量。中国式现代化克服了西方现代化的先天弊病,在物质文明与精神文明协调发展的道路上越走越好。改革开放之初,我们党创造性地确定了物质文明和精神文明"两手抓、两手都要硬"的战略方针。在推进现代化建设中,我们不仅强调解放和发展社会生产力、促进经济增长与繁荣,而且认为精神文明是中国特色社会主义的题中之义,同样需要常抓不懈。正如习近平总书记所强调的,当高楼大厦在我国大地上遍地林立时,中华民族精神的大厦也应该巍然耸立。在物质文明建设上,我们创造了令世界瞩目的经济社会发展成就,为实现第二个百年奋斗目标打下坚实的物质基础;而在精神文明建设上,成就同样斐然,我们坚持马克思主义的指导地位,把马克思主义思想精髓同中华优秀传统文化精华贯通起来,中华优秀传统文化得到创造性转化、创新性发展,全党全国各族人民文化自信明显增强、精神面貌更加奋发昂扬,全社会文明程度不断提升。

学习在线

实现中国梦,是物质文明和精神文明均衡发展、相互促进的结果。没有文明的继承和发展,没有文化的弘扬和繁荣,就没有中国梦的实现。

——2014年3月27日,习近平主席在联合国教科文组织总部的演讲

在中国式现代化建设新征程上,必须把物质文明和精神文明相协调的重大原则要求贯穿始终。既要家家"仓廪实""衣食足",也要人人"知礼节""知荣辱"。要促进物质文明和精神文明相互协调、相互促进,让全体人民始终拥有团结奋斗的思想基础、开拓进取的主动精神、健康向上的价值追求。要顺应人民日益增长的精神文化需求,不断丰富人民精神世界,提高全社会文明程度,促进人的全面发展。物质文明与精神文明的协调发展,将让中华民族以更加自信、更加自强的姿态屹立于世界民族之林。

四、绿水青山

浙江安吉县余村,曾因挖山开矿撑鼓了百姓的腰包,但也让百姓失去了绿水青山。2005年,时任浙江省委书记的习近平同志到余村调研指出:"我们过去讲既要绿水青山,又要金山银山,实际上绿水青山就是金山银山。"在"千村示范、万村整治"工程实施后,余村下定决心关停矿山,走出了一条人与自然和谐共生的新发展之路。2020年,习近平总书记再访

潘安湖:采煤塌陷区变身生态湿地公园

余村，只见群山翡翠，竹海绵绵，泥泞的村路被"两山绿道"取代，坑坑洼洼的矿山摇身变为"遗址公园"，已然唱响了共美共富的协奏曲。江苏潘安湖、云南洱海、陕西秦岭、三江源……一个个鲜活的案例，表明了中国式现代化坚持走生产发展、生活富裕、生态良好的文明发展道路，是人与自然和谐共生的现代化。

建设人与自然和谐共生的现代化，是全面建设社会主义现代化国家的内在要求。只有促进人与自然和谐共生，才能实现中华民族永续发展。

尊重自然、顺应自然、保护自然，促进人与自然和谐共生，是中国式现代化的鲜明特点。在世界现代化历史上，许多国家都经历了对自然资源肆意掠夺和生态环境恶性破坏的阶段，在创造巨大物质财富的同时，往往也造成了环境污染、资源枯竭等严重问题。20世纪发生的"世界八大公害事件"，震惊世界，对生态环境和公众生活造成巨大影响，充分暴露了西方现代化模式无法从根本上克服人与自然的对立和冲突的问题。我国人均能源资源禀赋严重不足，加快发展面临更多的能源资源和环境约束。为了避免走西方现代化的老路，中国式现代化把生态文明建设作为根本大计，主张人与自然和谐共生，坚持可持续发展，坚持节约优先、保护优先、自然恢复为主的方针，坚定不移走生产发展、生活富裕、生态良好的文明发展道路，为实现中华民族永续发展开辟了广阔前景。

相关链接

　　纵观世界现代化史，工业化、城市化进程中对生态环境的破坏是一个通病。20世纪30年代至60年代发生的"世界八大公害事件"，触目惊心、损失巨大，给人类敲响了警钟。洛杉矶光化学烟雾事件，先后导致近千人死亡、75%以上市民患上红眼病。伦敦烟雾事件，1952年12月首次暴发的短短几天内，致死人数高达4000，随后2

个月内又有近 8000 人死于呼吸系统疾病，此后 1956 年、1957 年、1962 年又连续发生多达 12 次严重的烟雾事件。日本水俣病事件，因工厂把含有甲基汞的废水直接排放到水俣湾中，人食用受污染的鱼和贝类后患上极为痛苦的汞中毒病，患者近千人，受威胁者多达 2 万人。

牢固树立和践行绿水青山就是金山银山的重大理念。在一个 14 亿多人口的发展中大国，如何处理好经济发展和生态环境保护的关系？绿水青山与金山银山是否可以兼得？经过长期的思索，习近平总书记得出了明确的结论：绿水青山就是金山银山。良好的生态本身就是最可宝贵的资源，蕴藏着无穷的经济价值。历史一再证明，没有"绿水青山"，再多的"金山银山"都会付诸东流；而有了"绿水青山"，获取"金山银山"就有了基础和条件，也有了潜力和后劲。因此，中国式现代化是将经济发展和生态环境保护有机统一起来的现代化，坚持在发展中保护、在保护中发展，努力实现发展和保护的良性互动，实现高品质生态环境和高质量发展的相互支撑。

学习在线

今后 5 年是美丽中国建设的重要时期，要深入贯彻新时代中国特色社会主义生态文明思想，坚持以人民为中心，牢固树立和践行绿水青山就是

> 金山银山的理念，把建设美丽中国摆在强国建设、民族复兴的突出位置，推动城乡人居环境明显改善、美丽中国建设取得显著成效，以高品质生态环境支撑高质量发展，加快推进人与自然和谐共生的现代化。
>
> ——2023年7月17日，习近平总书记在全国生态环境保护大会上的讲话

坚定不移走生产发展、生活富裕、生态良好的文明发展道路。人与自然和谐共生是中华文明的智慧结晶。我国在农业文明的早期，就特别善于兼顾农业经济发展和生态环境保护，世界水利史上的奇迹——都江堰水利工程，便是其中的典型代表。都江堰在不改变岷江原本自然属性的前提下，根据河流的地形、河流水文和水力学特性，布置水利工程设施，创造了中国古代无坝引水工程的经典，深刻体现了中华民族"天人合一""万物一体"的自然观，"民胞物与""取之有度，用之有节"的发展观。中国共产党人继承中华文明的生态智慧，坚定不移走生产、生活、生态三者良性互动、平衡共进的文明发展道路。特别是党的十八大以来，我国生态文明建设从理论到实践都发生了历史性、转折性、全局性变化，我们的祖国天更蓝、山更绿、水更清。但与此同时，我国生态文明建设仍处于压力叠加、负重前行的关键期，美丽中国建设仍然任重道远。新征程上，要继续牢固树立和践行绿水青山就是金山银山的理念，坚持山水林田湖草沙一体化保护和系统治理，推进生态优先、节约集约、绿色低碳发展，加快发展方式和生活方式绿色转型，提升生态系统多样性、稳定性、持续性，积极稳妥推进碳达峰碳中和，不断谱写生态文明新篇章、绘就美丽中国新画卷。

> **知识卡片**
>
> **碳达峰碳中和**：2020年9月22日，习近平主席在第七十五届联合国大会一般性辩论上代表中国政府和人民向国际社会郑重承诺，中国"将采取更加有力的政策和措施，二氧化碳排放力争于2030年前达到峰值，努力争取2060年前实现碳中和"。碳达峰是指碳排放在由升转降过程中碳排放的最高点即峰值；碳中和指人为排放源与通过植树造林、碳捕集与封存技术等人为吸收碳汇达到平衡。

五、和合之道

满载110个标箱出口货物的X8020次中欧班列从铁路义乌西站鸣笛启程

2023年7月29日，今年全国第10000列中欧班列从义乌西站鸣笛启程，奔向西班牙，续写着古老的丝路故事。十年来，我国已与152个国家、32个国际组织签署了200多份共建"一带一路"合作文件，覆盖我国83%的建交国。一列列"钢铁骆驼"，一份份合作文件，展现了我国坚定不移走和平发展道路的决心。

坚持和平发展，在坚定维护世界和平与发展中谋求自身发展，又以自身发展更好维护世界和平与发展，推动构建人类命运共同体，是中国式现代化的突出特征。

决不重复西方国家的老路。西方国家的现代化，充满战争、贩奴、殖民、掠夺等血腥罪恶，给广大发展中国家带来深重苦难。西方发达国家当初主要是依靠建立殖民体系，在征服、压榨中攫取全球资源而完成其现代化的。正如马克思所言："资本来到世间，从头到脚每个毛孔都滴着血和肮脏的东西。"与西方发达国家正相反，中国是伴随着一场场外部侵略战争、一个个不平等条约、一次次割地赔款，以屈辱的方式被迫卷入现代化进程的。中华民族经历了这段饱受折磨凌辱的悲惨历史，深知和平之宝贵，决不会重走西方现代化那种血腥罪恶的扩张掠夺老路。

学习在线

无论发展到哪一步，中国都永远不称霸、永远不搞扩张，永远不会把自身曾经经历过的悲惨遭遇强加给其他民族。

——2015年9月3日，习近平总书记在纪念中国人民抗日战争暨世界反法西斯战争胜利70周年大会上的讲话

相关链接

据统计，自15世纪末开始，西方殖民者在300多年间，仅从中南美洲就抢走了250万公斤黄金、1亿公斤白银。英国的"圈地运动"、美国的"西进运动"以及罪恶的奴隶贸易等，都标注了西方资本主义现代化的"原罪"。

坚定不移走和平发展道路。不同的文化孕育着不同的发展道路。中华民族是爱好和平的民族，中华文明具有突出的和平性。和平、和合、和睦、和谐的追求深深植根于中华民族的精神世界之中，深深溶化在中国人民的血脉之中。明朝的郑和曾率领当时世界上最庞大最先进的船队七次下西洋，最远到达了非洲的东岸，但所到之处进行的是经济贸易和文化交流，带去的是中国的商品和礼物，没有侵占过别人的一寸土地，没有掠夺过别人的一分财物。"吹灭别人的灯，并不会让自己更加光明；阻挡别人的路，也不会让自己行得更远。"回望过去，中国式现代化没有以任何形式压迫其他民族、掠夺他国资源财富，而是坚持独立自主、自力更生，依靠全体人民的辛勤劳动和创新创造发展壮大自己，通过激发内生动力与和平利用外部资源相结合的方式来实现国家的现代化发展，同时为广大发展中国家实现现代化提供力所能及的支持和帮助。近年来，中国对世界经济增长的贡献率保持在30%左右，成为140多个国家和地区的主要贸易伙伴，成为世界市场的最主要份额承担者。

> **学习在线**
>
> 中国将坚定不移走和平发展道路，坚定不移深化改革、扩大开放，坚定不移以中国式现代化全面推进中华民族伟大复兴。
> ——2022年11月15日，习近平主席在二十国集团领导人第十七次峰会第一阶段会议上的讲话

努力为人类作出更大贡献。全面建设社会主义现代化国家新征程上，必须始终坚持走和平发展道路。"小河有水大河满。"未来，我们需要顺应百年未有之大变局的历史趋势，将世界机遇转化为中国机遇，在与世界的良性互动中稳步前行。我们要始终高举和平、发展、合作、共赢旗

帜，推进和完善全方位、多层次、立体化的外交布局，奉行互利共赢的开放战略，积极发展全球伙伴关系，不断以中国新发展为世界提供新机遇；积极参与全球治理体系改革和建设，践行真正的多边主义，弘扬和平、发

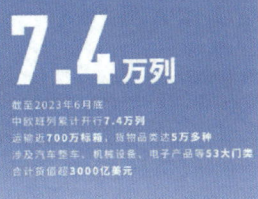

展、公平、正义、民主、自由的全人类共同价值，推动落实全球发展倡议、全球安全倡议、全球文明倡议，努力为人类和平与发展作出更大贡献。

知识卡片

"一带一路"："丝绸之路经济带"和"21世纪海上丝绸之路"的简称。2013年金秋时节，习近平总书记提出共建"一带一路"倡议。十年来，高质量共建"一带一路"取得实打实、沉甸甸的成就，国际影响力、合作吸引力不断释放，发展前景越来越好，"一带一路"成为各方共商共建共享的和平之路、繁荣之路、开放之路、绿色之路、创新之路、文明之路。

学习在线

中国式现代化作为人类文明新形态，与全球其他文明相互借鉴，必将极大丰富世界文明百花园。

——2023年3月15日，习近平总书记在中国共产党与世界政党高层对话会上的主旨讲话

延伸阅读

① 习近平：《共同构建人类命运共同体》，《求是》2021年第1期。

② 习近平：《中国式现代化是强国建设、民族复兴的康庄大道》，《求是》2023年第16期。

③ 习近平：《在推进中国式现代化中走在前做示范 谱写"强富美高"新江苏现代化建设新篇章》，《人民日报》2023年7月8日。

第四章 首要任务须把牢

中国式现代化要实现高质量发展

没有发展就没有现代化，没有高质量发展就没有全面现代化。2023年3月5日，习近平总书记在参加十四届全国人大一次会议江苏代表团审议时强调，高质量发展是全面建设社会主义现代化国家的首要任务，加快实现高水平科技自立自强是推动高质量发展的必由之路，加快构建新发展格局是推动高质量发展的战略基点，推进农业现代化是实现高质量发展的必然要求，人民幸福安康是推动高质量发展的最终目的，必须完整、准确、全面贯彻新发展理念。这为全面推进社会主义现代化强国建设提供了根本遵循和行动指南。

知识卡片 三

高质量发展：是能够很好满足人民日益增长的美好生活需要的发展，是体现新发展理念的发展，是创新成为第一动力、协调成为内生特点、绿色成为普遍形态、开放成为必由之路、共享成为根本目的的发展。

"四个走在前"：2023年3月5日，习近平总书记在参加十四届全国人大一次会议江苏代表团审议时，明确要求江苏在科技自立自强上走在前、在构建新发展格局上走在前、在推进农业现代化上走在前、在强化基层治理和民生保障上走在前。

一、必由之路：加快实现高水平科技自立自强

2023年6月，全球工程机械制造商50强榜单揭晓，徐工集团蝉联第3位，成为唯一连续三年跻身全球前三的中国工程机械制造商。近年来，徐工集团始终牢记习近平总书记"关键核心技术是要不来、买不来、讨不来的"殷殷嘱托，坚持"技术创新"主战略，先后攻克路面无人集群施工、露天矿山无人运输等一批"卡脖子"技术，自主研发的"全球第一吊"2600吨全地面起重机、"神州第一挖"700吨液压挖掘机等多项国产首台套重大装备相继下线，近千项关键核心技术以及一批关键核心零部件不断突破，零部件国产化率从62%提升到91%。凭借着过硬的品质和技术，徐工产品已行销

江苏徐工集团重型机械有限公司的产品调试场

至全球190多个国家和地区，可以说徐工的成功正是科技创新引领高质量发展的一个生动缩影。

学习在线

自力更生是中华民族自立于世界民族之林的奋斗基点，自主创新是我们攀登世界科技高峰的必由之路。

——2018年5月28日，习近平总书记在中国科学院第十九次院士大会、中国工程院第十四次院士大会上的讲话

科技是国家强盛之基，创新是民族进步之魂。面对百年未有之大变局和中华民族伟大复兴的战略全局，面对日益激烈的国际科技竞争环境，2023年9月，习近平总书记在黑龙江调研时创造性地提出了"新质生产力"这一概念，为加快构筑竞争新优势、赢得发展主动权、实现高水平科技自立自强提供了方向指引。

知识卡片

新质生产力：有别于传统生产力，涉及领域新、技术含量高，依靠创新驱动是其中关键。从经济学角度看，新质生产力代表一种生产力的跃迁。它是科技创新在其中发挥主导作用的生产力，高效能、高质量，区别于依靠大量资源投入、高度消耗资源能源的生产力发展方式，是摆脱了传统增长路径、符合高质量发展要求的生产力，是数字时代更具融合性、更体现新内涵的生产力。

切实加强基础研究。基础研究是科技创新的源头。党的十八大以来,我国基础研究经费从2012年的499亿元增长到2022年的1951亿元,在量子信息、干细胞、脑科学等领域产出一批重大原创性科研成果。但也要清醒地看到,我国科技领域依然面临众多"卡脖子"问题,究其根源就是基础研究跟不上,对很多问题底层原理没有搞清楚。"工欲善其事,必先利其器。"重大科技基础设施和平台就是推动基础科学研究、提高新质生产力不可或缺的"器"。要进一步强化基础研究支撑平台建设,在前沿领域重点布局一批基础科学研究中心,加快组建一批国家实验室,发挥国家实验室对基础研究的引领作用,打好科技仪器设备、操作系统和基础软件国产化攻坚战。科学研究离不开经费的有力支撑。在稳步增加政府对基础研究财政投入的同时,要积极通过税收优惠等多种方式引导企业加大对基础研究的投入,鼓励社会力量通过设立科学基金、科学捐赠等方式多元投入。基础研究是从0到1的研究,不像应用研究那样来得快、效用明显,往往需要"板凳坐得十年冷"。这就要大力弘扬求真求实、勇攀高峰的科学精神,营造鼓励创新、宽容失败的"宽"环境,支持广大科研人员勇闯创新"无人区",敢于走前人没走过的路。

相关链接

紫金山实验室于2018年成立,是江苏省和南京市共同推进建设的重大科技创新平台,面向网络通信与安全领域国家重大战

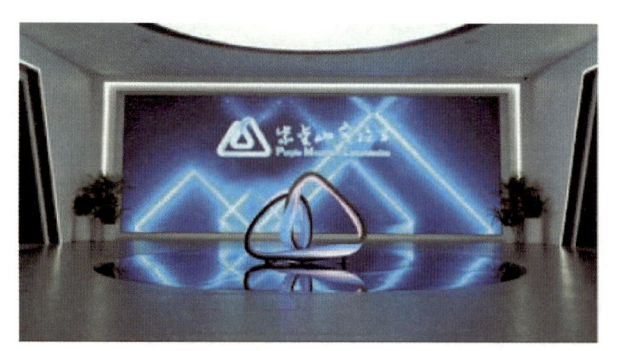

略需求，以解决行业重大科技问题等为使命，开展前瞻性、基础性研究。经过数年发展，实验室在未来网络、B5G/6G通信、网络安全等领域取得一批自主成果，承担、参与科技部、工信部重大项目近20项。实验室已列入国家战略科技力量序列，下一步将重点围绕"中国网络2030"新型体系等重大任务开展研发攻关。

知识卡片

2023年十大新兴技术：2023年6月27日至29日，世界经济论坛第十四届新领军者年会（又称"夏季达沃斯论坛"）在天津举行，论坛公布《2023年十大新兴技术报告》，揭示了在未来三到五年内将对世界产生最大影响的新兴技术。这十大新兴技术是柔性电池、生成式人工智能、可持续航空燃料、工程噬菌体、改善心理健康的元宇宙、可穿戴植物传感器、空间组学、柔性神经电子学、可持续计算、人工智能辅助医疗。

巩固企业主体地位。企业是科技和经济紧密结合的重要力量，是推动创新创造的主力军。以华为为例，2022年研发投入达到1615亿人民币，占全年收入的25.1%，10年累计投入的研发费用超过9773亿人民币，企业创新成果层出不穷。华为的成功，向我们昭示着企业创新的重要意义。要加

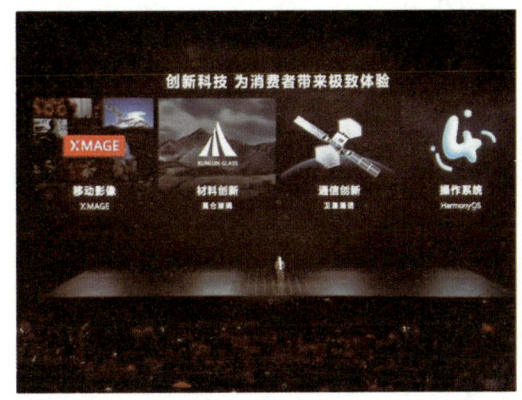

华为2023年秋季全场景新品发布会现场展示的创新科技

强企业主导的产学研深度融合,积极鼓励、引导科技领军企业紧紧围绕国家经济社会发展的重大需求,聚焦国家战略领域的关键科学问题和重大产业创新需求,打造科技领军企业牵头主导、高校院所支撑、各创新主体相互协同的深度融合的创新体系,推动企业在关键核心技术创新和重大原创技术突破中发挥作用。要积极营造有利于科技型中小企业成长的良好环境,进一步激励专精特新"小巨人"企业、制造业单项冠军企业和专精特新企业发挥在细分领域和颠覆性技术创新方面的独特优势,参与到创新链和供应链中,不断提高中小企业创新力、竞争力和专业化水平。要强化对企业创新的支持力度,大力推动技术、人才、资金等创新要素向企业集聚,着力破除制约企业创新的体制机制障碍,加强知识产权保护体系建设,解除企业创新的后顾之忧。

 相关链接

截至 2022 年底,江苏累计培育省级专精特新中小企业 5594 家,创建国家级专精特新"小巨人"企业 709 家、制造业单项冠军企业 186 家。

强化人才支撑作用。人类科技史告诉我们,谁拥有了一流创新人才、拥有了一流科学家,谁就能在科技创新中占据优势。当前,我国人才队伍规模不断扩大、质量不断提高,科技人才队伍建设取得历史性成就,但在人才评价、激励保障和青年科技人才发展等方面还存在不足。人才评价具有导向和示范作用,是人才发展的指挥棒。要健全科学的人才评价体系,进一步推动破除唯论文、唯职称、唯学历、唯奖项的"四唯"评价,积极引导科研人员在完成国家重大攻关任务、取得一流原创成果上下功夫,"把论文写在祖国的大地上"。鼓励高等院校、科研院所、医疗卫生机构、企业等用人单位自主建立、运用人才分类评价体系。不断完善"揭榜挂帅""赛马"等人才激励机制，让那些想干事、能干事、干成事的科技领军人才脱颖而出"挂帅出征"。加大对青年科技人才支持力度，加强对青年科技工作者研究的资金支持，稳步提高国家自然科学基金对青年科技人才的资助规模。不断减轻青年科研人员非科研负担，让更多年轻人在国家重大战略科技任务中"挑大梁"。中国发展需要世界人才的参与，我们还要以世界眼光、开放胸怀，引进和用好全球顶尖人才，助力我国科技创新。

在科技自立自强道路上不可能有坦途，甚至布满荆棘。只要我们坚持党中央对科技工作的正确领导，充分发挥社会主义集中力量办大事的优势，加大对科技领域人力、物力、财力的持续投入，进一步完善支持科技创新的政策举措，最大限度激发全社会的科技创新潜能和动力，就一定能够把我国建设成为现代化科技强国。

相关链接

2022年5月，在南京大学建校120年之际，习近平总书记给学校留学归国青年学者回信，勉励他们在"推动科技自立自强上再创佳绩"。一年多来，南京大学充分发挥留学归国学者群体的重要作用，真抓实干，勇于创新，涌现出一批新成果，其中有14项原创性成果发表于《自然》《科学》杂志正刊，位居全国高校第三。

二、战略基点：加快构建新发展格局

集装箱卡车在宁波舟山港金塘港区大浦口集装箱码头装载集装箱

2020年3月，在抗击新冠疫情的关键时期，习近平总书记在浙江舟山港调研时发现，"大进大出的环境条件已经变化，必须根据新的形势提出引领发展的新思路"。回京后不久，习近平总书记在中央财经委员会第七次会议上首次提出"构建以国内大循环为主体、国内国际双循环相互促进的新发展格局"。10月，党的十九届五中全会明确提出，"加快构建以国内大循环为主体、国内国际双循环互相促进的新发展格局"。事实证明，构建新发展格局是根据我国发展阶段、环境、条件变化，审时度势、立足当前、着眼长远的战略谋划。

新发展格局不是封闭的国内单循环，也不是各地都搞自我小循环。中央提出来的以内循环为主，主要是从整个国家层面而言的，不是要求各省、市、县都建立自己的"小循环"。国内大循环建立，本意就是为了打消区域壁垒，真正形成全国统一大市场。如果各地都搞自我小循环，不仅与构建国内大循环的初衷相悖，而且将会严重破坏国内统一大市场，甚至阻碍国民经济良性运行。

> **学习在线**
>
> 只有实现了城乡、区域协调发展，国内大循环的空间才能更广阔、成色才能更足。
>
> ——2023年1月31日，习近平总书记在二十届中央政治局第二次集体学习时的讲话

夯实现代化产业体系基础。 新发展格局以现代化产业体系为基础。当前，全球产业体系和产业链供应链呈现多元化布局、区域化合作、绿色化转型、数字化加速的态势；这是经济发展规律和历史大势，不以人的意志为转移。虽然我国已基本形成规模大、体系全、竞争力较强的产业体系，但仍然存在不少"断点""堵点"，迫切需要紧紧抓住新一轮科技革命和产业变革重塑全球经济结构的机遇，补齐短板弱项，拉长长板强项，加快建设现代化产业体系，创造新的竞争优势。要坚定不移筑牢实体经济根基，大力发展农业、制造业、服务业等实体经济，扎实推进新型工业化，保持制造业比重基本稳定，推动制造业高质量发展，加快建设制造强国，改造提升传统产业，推广先进适用技术，着力提升传统产业高端化、智能化、绿色化水平。要瞄准科技前沿打造新的增长引擎，加快推进前沿技术研发和应用，推动战略性新兴产业融合集群发展，构建新一代信息技术、人工智能、生物技术、新能源、新材料、高端装备、绿色环保等一批新的增长引擎。要促进数字经济和实体经济深度融合，积极推进产业数字化，利用数字技术对制造业、服务业、农业等传统产业进行全方位、多角度、全链条改造，赋能传统产业转型升级，催生新产业新业态新模式，加快推进数字产业化，培育壮大人工智能、物联网、量子计算等新兴产业，加快建设网络强国、数字中国。

> **知识卡片**
>
> **现代化产业体系**：现代化产业体系包括现代化农业、现代化工业、现代化服务业和现代化基础设施等内容。其中，现代化的工业是现代化产业体系最重要的基础和核心，为其他领域现代化提供物质技术支撑。加快构建以制造业为核心的现代化产业体系，是高质量发展的应有之义，是实现现代化的重要标志。
>
> **江苏印发加快建设制造强省行动方案**
> **实施八大行动 推动制造业高端化智能化绿色化发展**
> 时间：2023-07-14 06:30 来源：江苏广电总台·融媒体新闻中心 字体大小：放大 正常 缩小
>
> 加快构建新发展格局，是推动高质量发展的战略基点。日前，江苏印发加快建设制造强省行动方案，聚焦16个先进制造业集群和50条产业链，实施八大行动，着力提升产业链供应链韧性和安全水平，加快建设质量效益领先、具有国际竞争力的制造强省，为谱写"强富美高"新江苏现代化建设新篇章奠定坚实基础。
>
> 《方案》明确制造强省建设目标，到2025年，江苏制造业规模持续领先，产业基础高级化和产业链现代化水平显著提升，质量效益、产业韧性、创新动能得到不断增强。到2030年，江苏创新投入强度、全员劳动生产率等指标达到国家水平，营收超千亿元的制造业企业群体不断壮大，江苏制造出江苏创造、江苏智造、江苏品牌跃升。到2035年，江苏制造增加值占全球5%以上，率先建成现代化产业体系、实现新型工业，在构建新发展格局中发挥关键作用，支撑我国迈入制造强国行列。
>
> 为确保目标完成，江苏开展集群强链、创新强基、高端跃升等八大行动，推动制造业高端化、智能化、绿色化发展。《方案》明确，到2025年，江苏16个集群规模占比达到70%；突破100项重大技术装备和基础产品实现突破应用；70%规模以上制造业企业基本实现数字化网络化；优质企业数量占规上工业企业比重超过20%。到2030年，江苏将形成10个左右具有实力达到国际先进水平的先进制造业集群；重点领域机械装备基本具备自主供给能力；制造业和生产性服务业增加值占GDP总值的比重达到70%左右；规模以上制造业企业数字化网络化全面普及；重点行业骨干企业基本实现智能化；绿色低碳转型加快，力争重点行业率先发挥领头雁。

增强国内大循环内生动力和可靠性。 更好统筹扩大内需和深化供给侧结构性改革，有助于增强国内大循环内生动力和可靠性。虽然我国在扩大内需方面拥有得天独厚的条件，但这并不意味着需求和供给之间天然地存在相互适配性。这就需要在实施扩大内需战略的同时，将其与供给侧结构性改革有机结合，把经济发展中的堵点、痛点、难点、空白点转化为增长点，形成需求牵引供给、供给创造需求的更高水平动态平衡。一方面，要全面推进城乡区域协调发展，大力推进城乡融合发展，充分发挥乡村作为

消费市场和要素市场的重要作用，促进资源要素在城乡之间自由流动，畅通城乡经济循环，推动区域协调发展，发挥中心城市和城市群带动作用，建设现代化都市圈，促进各类要素合理流动和高效集聚。另一方面，要加强现代流通体系建设，持续加大要素市场化配置改革力度，加快构建全国统一大市场，促进要素自主有序流动，提高要素配置效率，全力打造综合立体交通运输体系，加快构建现代物流体系，不断提高商品货物流通效率。

提升国际循环质量和水平。对外开放是我国的基本国策。以开放促改革、促发展，是我国现代化建设的成功实践。中国开放的大门永

作为世界上首个以进口为主题的国家级博览会，进博会已成为中国构建新发展格局的窗口、推动高水平开放的平台、全球共享的国际公共产品。

远不会关上，只会越开越大。我们将实行更加积极主动的开放战略，创造更全面、更深入、更多元的对外开放新格局。要从出口导向为主，向既鼓励出口又努力扩大进口转变；从引进外资为主，向既鼓励外资进入也鼓励企业走出去投资转变，提高国际合作投资水平；从沿海先行向沿海与内陆同步开放转变；从制造业开放为主向制造业、服务业全方位开放转变；从适应国际规则为主向参与国际规则制定转变，努力增强我国在国际大循环中的话语权。

改革开放40多年来，中国经济始终保持快速增长，成为世界第二大经济体，可以说中国是经济全球化的最大受益者之一。面对风云诡谲的世界局势，以及日趋严重的贸易保护主义，中国加快构建新发展格局，在促进自身经济持续增长的同时，也为全球发展注入源源不断的动力。

三、必然要求：推进农业现代化

在田间工作的赵亚夫

2021年2月，在全国脱贫攻坚总结表彰大会上，一位80岁的老人获得"全国脱贫攻坚楷模"荣誉称号，从习近平总书记手中接过证书，他就是时代楷模赵亚夫。40多年来，赵亚夫始终坚持科技兴农的初心和情怀，创造性提出"水田保粮、岗坡致富"的工作思路，发展高效农业。2001年退休后，赵亚夫作为志愿者扎根茅山老区戴庄村20多年，帮助村民种植葡萄，村民人均年收入从2003年的2800元增至2020年的3.4万元；村集体经济从欠账80万元到年收入420万元。赵亚夫还陆续培育出农村科技人才1200名，为句容市100多个农村合作社、45万名农民提供技术支持。赵亚夫扎根农村，献身农业，充分诠释和展现了中国式农业现代化的生动图景。

重农固本，国之大纲。强国必先强农，农强方能国强。自古以来，我国就是传统农业大国，有着灿烂的农耕文明。对于我国这样的人口大国来说，只有农业兴旺、农民安定，国家才能维持稳定和统一。历史上，每一次盛世的出现无不与农业的大发展有着密切关系。实践反复证明，农业是一个国家发展的根本和命脉，在推进社会主义现代化强国建设的道路上，更应筑牢农业这个根基，没有农业农村的现代化，社会主义现代化就是不全面的。

牢牢抓好粮食安全这个头等大事。"你吃了吗？"这是中国人见面寒暄时用得最多的一句话，看似在没话找话，实际蕴含的是人们对能吃饱饭的重视和关心。解决好吃饱饭问题，粮食是基础和关键。无农不稳，无粮则乱。中国是一个有14亿多人口的大国，在粮食安全这个问题上，不能有丝毫麻痹

大意，中国人的饭碗任何时候都要牢牢端在自己手中，饭碗主要装中国粮，决不能在吃饭这一基本生存问题上让别人卡住我们的脖子。要始终坚持把提升粮食产能作为首要任务，大力实施新一轮千亿斤粮食产能提升行动，持续推进土豆主粮化战略，提升土豆在维护粮食安全中的地位，积极构建多元化食物供给体系。耕地是粮食生产的命根子。要落实最严格的耕地保护制度，严守十八亿亩耕地红线，坚决遏制耕地"非农化"、基本农田"非粮化"，让土地红线成为不可触碰的"高压线"。种地归根结底要靠人。要不断健全种粮农民收益保障机制，完善价格、补贴、保险"三位一体"的政策体系，稳定农民预期、降低生产风险，让农民既种安心粮，又安心种粮，切实解决好"谁"种粮的问题。

知识卡片

乡村振兴战略：习近平总书记于2017年10月18日在党的十九大报告中提出。乡村振兴战略坚持农业农村优先发展，目标是按照产业兴旺、生态宜居、乡风文明、治理有效、生活富裕的总要求，建立健全城乡融合发展体制机制和政策体系，加快推进农业农村现代化。

全面推进乡村振兴这个重要任务。 同快速推进的城镇化、工业化相比，我国农村发展相对缓慢，在基础设施、公共服务、社会治理等方面与城镇差距较大。正因为如此，党中央提出乡村振兴的总目标是农业农村现代化，坚持农村现代化和农业现代化一体设计、一并推进。一方面，要全面推进乡村产业振兴，坚持因地制宜原则，与当地自然资源、生态环境、土地、资本、劳动力等要素相协调，宜农则农、宜牧则牧、宜林则林，加快农村一二三产业融合，延长农产品产业链，发展农产品加工、保鲜储藏、运输销售等，不断提高农业产业质量效益和竞争力，切实把农产品增值收益留在农村、留给农民。另一方面，要大力推进宜居宜业和美乡村建设，持续推进农村人居环境整治，推动农村生活垃圾、生活污水集中处理，加快农村厕所革命，让农村居民享受到干净整洁的如厕环境。过去，由于村庄建设缺乏规划，很多村庄过于分散，公共服务可达性受到很大制约。要坚持乡村建设规划先行的理念，综合考虑土地利用、产业发展、居民点布局等因素，进一步完善农村公共基础设施，使乡村生产生活生态空间布局更加科学，让农村人在农村也能享受到与城市人一样便捷的生活。

> 中共中央国务院
> 关于做好2023年全面推进
> 乡村振兴重点工作的意见

典型案例

对标"千万工程" "苏"写和美乡村

"千村示范、万村整治"工程（简称"千万工程"）是习近平同志在浙江工作时亲自谋划、亲自部署、亲自推动的重大工程。

江苏深入学习运用"千万工程"经验,紧密结合省情农情实际,自觉把蕴含其中的立场、观点、方法转化为全面推进乡村振兴的实际行动,在宜居宜业和美乡村建设进程中,不断升级"版本",为乡村"塑形留魂"。

沿着宿迁市宿豫区幸福大道一路东行,距梨园湾东约3公里处,一个清新整洁的村庄映入眼帘,这就是宿豫区曹集乡双河里社区。仲夏时节,灰墙黛瓦的农房整齐排列,清澈池塘点缀其间,葱郁植被倒映水面,宛如一幅山水画。

"环境变化太大了,没想到能住上这么漂亮的房子。"村民周云华感叹道。双河里社区党委副书记程高说,村庄在原址改善农房,以改造为主,插建、翻建为辅,延续原有村庄肌理。改造项目邀请专家按照一户一张图纸设计,保留每户特色。绿化栽植、管网铺设、道路铺装等配套同步开展,打造出集乡土风情、古典风韵、亲水嬉戏、田耕农乐于一体的村落。

把加快科技创新作为根本出路。中国式现代化离不开农业现代化,农业现代化离不开科技的支撑。当前,我国农业科技创新整体迈进了世界第一方阵,但农业科技进步贡献率同世界先进水平相比还有不小差距。要强化科技对农业现代化的支撑作用,加强农业基础研究,整合各级各类优势科研资源,着力提高农业科技原创水平,推动我国农业科技实现"弯

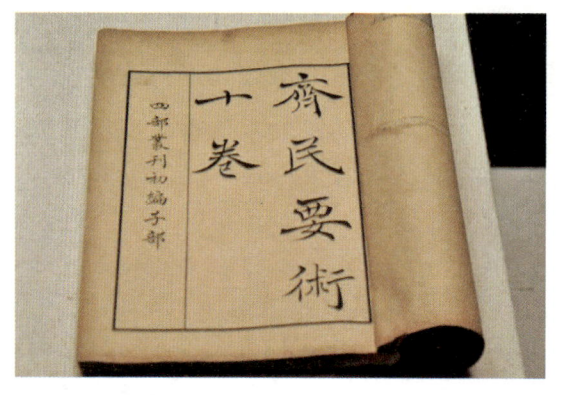

作为一个农业大国，中国自古以来就重视农业生产和科学技术的关系。早在北魏时期，贾思勰就撰写了世界农学史上最早的专著之一《齐民要术》，它不仅反映了当时中国农业的发展水平已经处于世界领先地位，而且对后世的农业技术发展有着极为深远的影响

道超车"。要加强农机装备的创新发展，大力推进农业机械化、智能化，给农业现代化插上科技的翅膀，加大农机推广体系建设，完善农机补贴政策，有效调动农业组织和农民发展农业机械化的积极性。要大力推动种业科技创新，抓紧培育具有自主知识产权的优良品种，深入实施种业振兴行动，积极组织开展良种联合攻关，重点研究抗病虫、抗旱、耐寒、耐高温和营养价值高的品种，不断提升良种自主创新和供应保障能力。

🚩 学习在线

> 中国式现代化关键在科技现代化。江苏要在科技创新上率先取得新突破，打造全国重要的产业科技创新高地，使高质量发展更多依靠创新驱动的内涵型增长。
>
> ——2023年7月7日，习近平总书记在听取江苏省委和省政府工作汇报时的讲话

2021年，我国脱贫攻坚战取得了全面胜利，完成了消除绝对贫困的艰巨任务，"三农"工作重心开始转向全面推进乡村振兴。可以预见，不久的将来，在党中央的领导下，在全国人民的共同努力下，乡村振兴一定会像脱贫攻坚一样胜利实现，一幅"农业强、农民富、农村美"的

壮丽画卷必将在中国大地徐徐展开。

四、最终目的：人民幸福安康

永联村位于江苏省张家港市南丰镇最东端，面积10.5平方公里，村民11000余人，常住人口25000余人。2022年，永联村村级可支配收入达3.2亿元，村民人均纯收入达6.7万元，11000余名村民从村集体直接分配的收入人均超过1万元。永联村先后被评为"国家级生态村""全国民主法治示范村""全国乡村治理示范村""全国休闲农业与乡村旅游示范点"，并连续多次被评为"全国文明村"。其实，幸福才是永联村村民最自信的名片。伴随村集体经济"蛋糕"越做越大，永联村积极办好民生实事，落细一张张"民生清单"，兑现一条条"幸福账单"。建起的永联小镇，让1万余名农民住进楼房，村民们真正享受到了城镇化的生活条件和环境。永联实践已经成为中国式现代化道路上实现人民幸福安康的"鲜活样本"。

人民幸福安康是推动高质量发展的最终目的。我们要在推进高质量发展的同时，紧紧抓住人民群众急难愁盼问题，着力提高群众生活品质，不断增进人民群众福祉。

知识卡片

人的现代化：指的是传统人向现代人的转变过程。当然，这一过程既包括个体的人的转变，也包括人类整体的转变。人的现

> 代化是现代化的本质,这是因为人的现代化是整个现代化的前提,也是整个现代化的目的,人的现代化与整个现代化具有高度的同质性。而人的现代化的最终目标是实现人自由而全面的发展。

全面提高基本公共服务供给质量。要聚焦人民群众最关心最直接最现实的利益问题,全面提升基本公共服务标准化、均等化水平,在幼有所育、学有所教、劳有所得、病有所医、老有所养、住有所居、弱有所扶等方面不断取得新突破,加快实现全体居民公平可及地获得基本公共服务。教育是实现人的现代化的根本途径,义务教育是国家必须予以保障的公益性事业。要加快城乡义务教育一体化发展,科学规划城乡义务教育学校布局,合理有序扩大城镇义务教育学校学位供给,不断缩小城乡、区域、校际的义务教育差距。俗话说"健康是福",人民健康不仅是民族昌盛的重要标志,也与每个人的幸福生活紧密相连。要健全公共卫生应急管理体系,完善重大疫情防控体制机制,全面推进农村区域性医疗卫生中心建设,大力发展"互联网+"签约服务。"居者有其屋"是千百年来人们怀揣的朴素理想,住房是人的生存之所和发展之基,安居方可乐业。要提高城镇住房保障水平,持续推进棚户区改造和老旧小区改造,大力发展保障性租赁住房,推进现代宜居农房建设。社会保障体系是社会运行的稳定器。要健全基本养老保险、基本医疗保险制度,完善全国统一的社会保险公共服

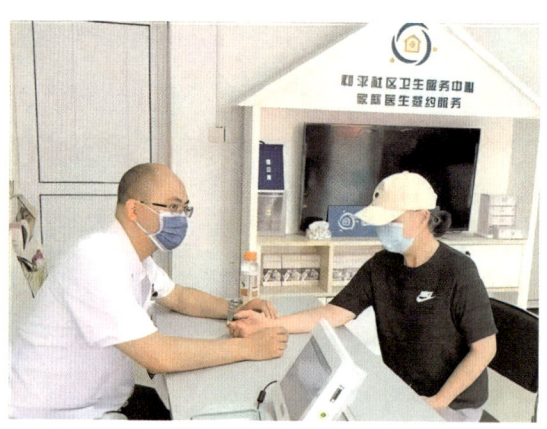

徐州市泉山区和平社区卫生服务中心,家庭医生为签约居民进行中医体质监测

务平台，织密扎牢社会保障"安全网"。

持续扩大普惠性非基本公共服务供给。非基本公共服务是为满足公民更高层次需求、保障社会整体福利水平所必需但市场自发供给不足的公共服务。要积极推动老有颐养，支持社会力量建设普惠养老服务设施，扩大普惠养老服务供给，强化家庭养老服务支持，发展"机构＋社区＋居家"模式，加快推进医养结合、康养融合，提高机构养老服务质量。要大力发展普惠的托育服务，探索建立婴幼儿早期发展标准规范和服务体系，积极引导社会力量举办托育服务机构，鼓励有条件的幼儿园开办托班，不断扩大普惠托育服务供给。要推动高等教育内涵式发展，提升我国高等教育综合实力和国际竞争力，积极推进高等教育从大众化到普及化，着力构建服务全民终身学习的教育体系，加快建设"人人皆学、处处能学、时时可学"的学习型社会。

典型案例

盐城经开区：居家养老托起幸福"夕阳红"

在盐城经济技术开发区，随着居家养老服务的日趋完善，越来越多的老年人选择居家养老，乐享幸福"夕阳红"。

近年来，盐城经开区坚持把为老服务作为保障和改善民生工作的重要内容，增强服务供给，努力构建以居家为基础、社区为依托、机构为补充、医养结合的养老综合服务体系，以实实在在的"暖心服务"为城乡居家养老写下生动实践注脚，托起幸福"夕阳红"。

接下来，该区将持续推动普惠型养老服务，通过"专业机

构支撑+适老化改造+信息化改造"模式,不断提升全区养老服务的普及性、便利化,让更多老年人享受到更贴心、更便利的养老照护服务,从"养老"到"享老"正在成为该区闪亮的名片。

织密织牢民生兜底保障。守望相助、扶危济困是我们中华民族的传统美德。做好兜底保障工作是维护社会稳定和增进民生福祉的重要基石,是确保在实现中国式现代化过程中不让一个人掉队的必然要求。要全力保障城乡低保对象、特困人员、孤儿等各类困难群众基本生活,加大临时救助力度。加强对残疾人群体的服务保障,强化残疾人服务设施和综合服务能力建设。做好脱贫攻坚和乡村振兴的有效对接,严防农村新的贫困问题的发生。要不断完善兜底保障体系,落实落细困难人群主动筛查机制,利用大数据对发现的困难群众提供个性化的精准救助帮扶,推动"人找政策"向"政策找人"转变。要进一步完善救助标准与社会经济发展和人民生活水平相适应的动态调整机制,稳步提高救助保障水平。

相关链接

截至 2023 年 8 月,江苏省各级民政部门全力推进兜底保障提质增效,全省共保障城乡低保对象 62.4 万人、城乡特困人员 20 万人。同时加大困难群众救助帮扶力度,2023 年以来开展临时救助 8.3 万人次，发放价格临时补贴 7443 万元，发放困难残疾人生活补贴和重度残疾人护理补贴 28.77 亿元。

在推进中国式现代化建设新征程中，要始终坚持发展依靠人民、发展为了人民，让中国式现代化发展的丰硕成果由全体人民共享。保障和改善民生只有进行时，没有完成时，在顺应人民群众美好生活期待的同时，也要坚持尽力而为、量力而行，使改善民生的力度和经济发展水平相适应，避免落入"福利陷阱"。

知识卡片

福利陷阱：指的是一些国家违背了"量入为出"的基本法则，为国民提供了远非政府财力能够负担的福利，庞大的福利支出让政府财政不堪重负，甚至出现养懒汉的现象，导致整个国家经济社会缺乏发展活力。

延伸阅读

① 习近平：《论把握新发展阶段、贯彻新发展理念、构建新发展格局》，中央文献出版社 2021 年版。

② 习近平：《牢牢把握高质量发展这个首要任务》，《人民日报》2023 年 3 月 6 日。

第五章 找到最大公约数
中国式现代化要发展全过程人民民主

民主是全人类的共同价值，是中国共产党和中国人民始终不渝坚持的重要理念。历史和实践告诉我们，没有民主就没有社会主义，就没有社会主义的现代化，就没有中华民族的伟大复兴。发展全过程人民民主，保障人民当家作主，是坚持走中国特色社会主义政治发展道路的必然要求，是全面建设社会主义现代化国家的重要任务。这是对社会主义民主政治建设规律的深刻总结，也是推进和拓展中国式现代化在政治领域的集中体现。

一、坚持根本政治制度

从全国人大代表提出建议，到收到相关部门反馈，需要多长时间？2022年3月6日下午，来自广东的全国人大代表蔡仲光得知，自己关于加大信用贷款比重、降低贷款利率等支持中小企业的建议，已被转至中国人民银行办理。7日中午，一场视频连线在广东代表团驻地进行。屏幕另一端，央行有关部门负责人就蔡仲光的建议逐一进行回应。此时，距离蔡仲光在代表团分组审议现场提出建议，还不到48小时。"代表建议办理的速度越来越快，政府部门回复的质量越来越高。"见微知著，蔡仲光深切感受到人民当家作主是实实在在的。

中国特色社会主义制度是一个由根本制度、基本制度、重要制度支撑的科学制度体系	根本制度	坚持党的领导制度这一根本领导制度，坚持和完善人民代表大会制度这一根本政治制度，坚持马克思主义在意识形态领域指导地位的根本制度
	基本制度	社会主义基本经济制度：公有制为主体、多种所有制经济共同发展，按劳分配为主体、多种分配方式并存，社会主义市场经济体制
		社会主义基本政治制度：坚持和完善中国共产党领导的多党合作和政治协商制度，坚持和完善民族区域自治制度，健全充满活力的基层群众自治制度
	重要制度	《中共中央关于坚持和完善中国特色社会主义制度、推进国家治理体系和治理能力现代化若干重大问题的决定》提出的13个"坚持和完善"所涉及的55项（或类）具体制度中，除去已明确为根本制度、基本制度的，其余的都是重要制度

坚持党的领导、人民当家作主、依法治国有机统一。党的领导是人民当家作主和依法治国的根本保证，只有坚持党总揽全局、协调各方的领导核心作用，坚决维护党中央权威和集中统一领导，才能保证党的理论路线方针政策和决策部署在国家工作中得到全面贯彻和有效执行。人民当家作主是社会主义民主政治的本质和核心，只有支持和保证人民通过人民代表大会行使国家权力，从各层次各领域扩大人民有序政治参与，才能不断发展全过程人民民主。依法治国是党领导人民治理国家的基本方式，只有坚持全面依法治国，依照宪法法律推进国家各项事业和各项工作，才能实现国家各项工作法治化。

用良法促发展保善治。良法是善治的前提。立法是法治中国建设的第一道"工序"，必须发挥好这个"开路先锋"的引领作用，从而夯实全面依法治国的基础。我国在推进中国式现代化进程中重视以良法促进发展、保障善治、维护人民民主权利，保证宪法确立的制度、原则和规则得到全面实施。有效发挥人大在立法选题、起草、征求意见、审议等环节的主导作用，丰富立法形式，既注重"大块头"，也注重"小快灵"，深入推进科学立法、民主立法、依法立法。2018年至2022年，共有150多件次法律草案向社会公布征求意见，100多万人次参与，有效促进了立法质量和效率的提升。要进一步完善党委领导、人大主导、政府依托、各方参与的立法工作格局，持续增强立法的系统性、整体性、协同性，充分发挥法治在现代化建设中的保障作用。

> **相关链接**
>
> 2018年至2022年，我国通过宪法修正案，制定法律47件，修改法律111件次，作出法律解释、有关法律问题和重大问题的决定决议53件，已经审议尚未通过的法律案、决定案19件；听取

2018年3月11日，十三届全国人大一次会议第三次全体会议代表投票表决中华人民共和国宪法修正案草案

审议182个监督工作报告和其他报告，检查30件法律和决定实施情况，开展11次专题询问、33项专题调研；2282件代表议案、43750件代表建议已全部办理完毕，代表对议案建议办理工作满意度达到98%。

用好宪法赋予的监督权。 人民代表大会制度的重要原则和制度设计的基本要求，就是任何国家机关及其工作人员的权力都要受到监督和制约。推进中国式现代化要更好发挥人大监督在党和国家监督体系中的重要作用，让人民监督权力，让权力在阳光下运行，用制度的笼子管住权力，用法治的缰绳驾驭权力。新时代以来，我国各级人大始终坚持把"依宪"二字贯穿监督工作全过程，依照法定职责、限于法定范围、遵守法定程序、抠住法律规定进行监督，推动宪法法律有效实施和各国家机关依法履职。要聚焦党中央重大决策部署，聚焦人民群众所思所盼所愿，进一步加强对法律法规实施情况的监督，确保各国家机关都在宪法法律范围内履行职责、开展工作。

相关链接

2023年9月27日下午，江苏省十四届人大常委会第五次会议闭幕前，常委会组成人员集体对4份履职情况报告进行书面评议。

会后，评议结果连同具体审议意见，将向提交履职报告的4位常委会任命人员本人和所在单位反馈，后者限期逐条提出整改措施。

省人大常委会首次听取和审议部分任命人员履职情况报告，把对"事"的监督拓展到对"人"的监督，是党的十八大以来地方人大监督的一项重要创新，是贯彻落实中央和省委人大工作会议精神的具体举措。会前深入调研、会中报告审议、会后反馈整改，将进一步加强人大常委会对选举和任命人员的监督，推动国家公职人员勤勉尽职、依法用权、为民服务。

充分发挥人大代表作用。"为政之要，以顺民心为本。"人民代表大会制度之所以具有强大生命力和显著优越性，关键在于深深植根于人民之中。人大代表肩负人民赋予的光荣职责，是人民利益和意志的忠实代言人。2019年，全国人大常委会出台《关于加强和改进全国人大代表工作的具体措施》，这一重要的制度创新共11个方面35条，对做好代表工作提出全面、具体的要求，被代表们称为"新时代推动代表工作的纲领性文件"。全国已设立22万多个代表之家、代表联络站，基本覆盖乡镇街道，许多地方把代表之家、代表联络站建到了社区村组，有效打通了代表服务群众的"最后一公里"。要充分发挥人民代表来自人民、扎根人民的特点优势，密切同人民群众的联系，当好党和国家联系人民群众的桥梁，最大限度调动积极因素、化解消极因素，展现新时代人大代表的风采。

> 典型案例

"连心之桥"!"聚力之桥"!
昆山持续擦亮基层立法联系点"双桥"品牌

2020年8月6日,江苏省首家"国字号"基层立法联系点——昆山基层立法联系点揭牌。三年多来,昆山基层立法联系点以"双桥"品牌,奋力打造国家立法工作联系群众的"连心之桥"、人民群众参与民主法治建设的"聚力之桥",推动全过程人民民主重大理念在昆山走深走实,奋力打造全过程人民民主县域典范。

三年多来,昆山基层立法联系点积极探索实践,在全市范围内设立了包括人大代表之家、社区综治网格、台资企业协会等在内的22个立法信息联络站与1857个立法信息采集点,并借助新媒体资源,打造网上阵地,将联系"点"扩大成"面",为最高立法机关提供"原始生态、多屏互动"的网络民意收集渠道。截至2023年11月,已累计参与48部法律草案意见征求工作,提交意见建议2485条,209条被认可采纳。昆山确立了"一年强基础、三年创品牌、五年争标兵"的总体目标,打造基层立法联系点"双桥"品牌,建强立法信息联络站和立法信息采集点两大基层阵地。

二、全面发展协商民主

2023年3月6日，习近平总书记看望参加全国政协十四届一次会议的民建、工商联界委员，并参加联组会，听取意见和建议。他强调，党中央始终坚持"两个毫不动摇""三个没有变"，始终把民营企业和民营企业家当作自己人。要引导民营企业和民营企业家正确理解党中央方针政策，增强信心、轻装上阵、大胆发展，实现民营经济健康发展、高质量发展。这样面对面听取意见建议，深入交流构建共识，生动展现了社会主义协商民主的显著特征。

习近平总书记指出："协商民主是实践全过程人民民主的重要形式。"社会主义协商民主，是在中国共产党领导下，人民内部各方面围绕改革发展稳定重大问题和涉及群众切身利益的实际问题，在决策之前和决策实施之中开展广泛协商，努力形成共识的重要民主形式。协商民主深深嵌入了中国社会主义民主政治全过程，极大地丰富了民主的形式、拓展了民主的渠道、加深了民主的内涵。

> **学习在线**
>
> 人民只有投票的权利而没有广泛参与的权利，人民只有在投票时被唤醒、投票后就进入休眠期，这样的民主是形式主义的。
> ——2014年9月21日，习近平总书记在庆祝中国人民政治协商会议成立65周年大会上的讲话

协商民主在我国有根、有源、有生命力。协商民主源自中华民族长期形成的天下为公、兼容并蓄、求同存异等优秀政治文化，源自中国共产党领导人民进行革命、建设、改革的长期实践，源自新中国成立后各

党派、各团体、各民族、各阶层、各界人士在政治制度上共同实现的伟大创造，具有深厚的文化基础、理论基础、实践基础、制度基础。早在1956年12月，毛泽东在同工商界人士谈话时就形象地说，我们的政府"可以叫它是个商量政府"。改革开放以后，我国协商民主实践不断开拓，彰显出旺盛生命力。进入新时代，社会主义协商民主全面展开、充满活力，在围绕中心、服务大局上，在增强党的阶级基础、扩大党的群众基础上，发挥了更加突出的作用，最大限度凝聚了社会各方面开展社会主义现代化建设的智慧和力量。

学习在线

在中国社会主义制度下，有事好商量、众人的事情由众人商量，找到全社会意愿和要求的最大公约数，是人民民主的真谛。

——2019年9月20日，习近平总书记在中央政协工作会议暨庆祝中国人民政治协商会议成立70周年大会上的讲话

协商民主是独特的、独有的、独到的民主形式。"名非天造，必从其实。"实现民主的形式是丰富多样的。在西方所谓的民主国家里，人民往往只有投票的权利而没有广泛参与的权利，这样的民主是形式主义的。在我国，人民通过选举、投票行使权利和人民内部各方面在重大决策之前进行充分协商，是中国社会主义民主的两种重要形式。协商民主是党领导人民有效治理国家、保证人民当家作主的重要制度设计，同选举民主相互补充、相得益彰。从国民经济和社会发展五年规划等国家大政方针的制定，到个人所得税法

等关系人民切身利益的具体法律法规的出台，都离不开协商民主。实践证明，协商民主能够有效克服党派和利益集团为自己的利益相互竞争甚至相互倾轧的弊端，有效克服不同政治力量为了维护和争取自己的利益固执己见、排斥异己的弊端，有效克服决策中情况不明、自以为是的弊端，有效克服人民群众在国家政治生活和社会治理中无法表达、难以参与的弊端，有效克服各项政策和工作共识不高、无以落实的弊端。这就是中国社会主义协商民主的独特优势所在。

充分发挥人民政协专门协商机构作用。人民政协作为专门协商机构，在协商中促进广泛团结、推进多党合作、实践人民民主，充分体现了我国社会主义民主有事多商量、遇事多商量、做事多商量的特点和优势。据统计，2012年至2022年，全国政协围绕"国之大者"、民之关切，召开18次专题议政性常委会会议、20次专题协商会、140次双周协商座谈会、16次网络议政远程协商会、51次专家协商会，协商方式和平台载体不断创新完善。要充分发挥人民政协专门协商机构作用，坚持团结和民主两大主题，提高政治协商、民主监督、参政议政水平，不断提高建言资政和凝聚共识的质量与水平。

知识卡片

中国人民政治协商会议：是中国人民爱国统一战线的组织，是中国共产党领导的多党合作和政治协商的重要机构，是我国政治生活中发扬社会主义民主、实践全过程人民民主的重要形式，是社会主义协商民主的重要渠道和专门协商机构，是国家治理体系的重要组成部分，是具有中国特色的制度安排。团结和民主是中国人民政治协商会议的两大主题。

三、积极发展基层民主

"建言献策表民意，同绘发展图，都说亲民得民心，人民都拥护……"2023年8月16日下午，江苏省海安市南莫镇唐庄村板凳民主议事小院里传来阵阵歌声。不在会议室，也没有主席台和发言稿，人大代表与50多名群众代表带着小板凳围坐在小院里，面对面、心贴心，你一言、我一语，就关心的民生问题发表意见、提出建议。这些年，我国基层民主创新十分活跃，从民主恳谈会、民主听证会到党代表、人大代表、政协委员联合进社区，从"小院议事厅"到"板凳民主"，从"线下圆桌会"到"线上议事群"，广大人民在火热的基层生活中，探索创造了一个个充满烟火气的民主实现形式。人们通过这些接地气、聚人气的民主实践，使全过程人民民主在基层得到充分实现。

知识卡片

"四议两公开"：即村党组织提议、村"两委"会议商议、党员大会审议、村民会议或者村民代表会议决议，决议公开、实施结果公开。这一制度发端于2004年河南省南阳市邓州市的乡村治理工作法。2018年11月26日，中共中央政治局召开会议，审议《中国共产党农村基层组织工作条例》。会议强调，凡是农村的重要事项和重大问题都要经党组织研究讨论，村级重大事项决

> 策实行"四议两公开"。这从制度上保障了基层群众自治的决策科学化和民主化。

基层民主是全过程人民民主的重要体现，也是发展我国社会主义民主政治的基础性工程。全国14亿多人民生产生活的重心在基层，扩大基层民主，让人民群众直接行使民主权利，增强了人民群众民主意识和民主能力，培养了民主习惯，构成了全过程人民民主的生动实践。

健全基层群众自治机制。基层群众自治制度作为我国的一项基本政治制度，是当代中国最直接最广泛最生动的民主实践。党的十八大以来，我国基层民主的许多好的经验做法上升为国家政策和法律制度，为全过程人民民主在不同领域不同层面的丰富实践不断注入新的动力，使广大基层的"微治理"富有活力、更有效率。新

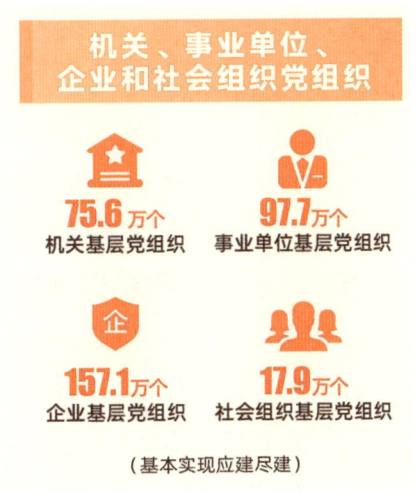

征程上，要畅通民主渠道，健全基层选举、议事、公开、述职、问责等机制，促进群众在城乡社区治理、基层公共事务和公益事业中依法自我管理、自我服务、自我教育、自我监督，保障人民依法直接行使民主权利，切实防止出现人民形式上有权、实际上无权的现象。

健全办事公开制度。办事公开制度是依法保障人民群众知情权、参与权、表达权和监督权的鲜明体现，是发展基层民主的重要举措。党的十八大以来，我们聚焦广大人民群众关注的热点，不断拓宽办事公开渠道，把关乎广大人民群众切身利益的事项作为公开的主要内容，让权力在阳光下"晾晒"，切实保障人民合法权益，维护社会公平正义。必须持续

完善办事公开制度，做到事前、事中、事后全过程动态公开，决策、过程、结果、制度依据同步公开，促进实现办事公开民主管理的制度化、规范化和经常化。采取多样参与方式，在畅通线下参与渠道的同时，将大数据、人工智能等现代科技手段与基层社会治理深度融合，提高公开办事和管理服务效能。

> **典型案例**
>
> ## 南京仙林街道：
> ## 打造新时代城市版"枫桥经验"
>
> 仙林街道位于南京市栖霞区。2010年起，仙林街道开始了党建引领网格化服务的探索：街道班子成员跑遍了仙林的角角落落，根据实际情况将街道划分为若干网格，在没有社区的地方，先成立网格党组织开展工作。随着新的社区党组织和居委会逐步建立，街道又及时调整网格划定，把10个社区划分为90个综合网格、195个专属网格，2668个驻街单位都纳入其中，实现了社会治理的纵向"精准到点"。
>
> 网格上的一个个哨点，打通了基层社区治理的"经脉"。街道网格员们各揽"一亩地"，实现了人到格中去，事在网中办。
>
>
>
> 为了让居民快速找到网格员，街道还为网格员们设置了统一标识——"黄马甲"。每一名"黄马甲"都是一个流动服务站，千家万户的大小事均能通过网格化服务第一时间发现

并处理。

　　仙林街道有效解决了群众松散、干部懒散、资源分散等问题，形成了"党旗红、治理优、生活美"的生动局面，打造了新时代城市版"枫桥经验"，先后荣获"全国先进基层党组织""全国文明单位"等称号，成为具有全国影响力的城市基层党建生动范例。

　　健全企事业单位民主管理制度。 职工代表大会是保证职工对企事业单位实行民主管理的基本形式。不论时代怎样变迁，不论社会怎样变化，我们党全心全意依靠工人阶级的根本方针都不能忘记、不能淡化，我国工人阶级地位和作用都不容动摇、不容忽视。必须健全以职工代表大会为基本形式的企事业单位民主管理制度，通过领导接待日、劳资恳谈会、领导信箱等民主形式，依法实行民主选举、民主决策、民主管理、民主监督，使职工群众的知情权、参与权、表达权、监督权得到更充分更有效的保障。

相关链接

　　截至2021年12月，我国共有280.9万个基层工会组织、近3亿会员，覆盖655.1万个企事业单位。在全国已建立工会组织的企业中，建立职工代表大会的企业有314.4万家，其中，非公有制企业293.8万家，占93.4%。

四、巩固发展统一战线

　　"很高兴能在新中国成立74周年之际来北京参加国庆活动，每次参加国庆活动都有新的感受和收获，看到祖国日益强大起来，我们海外侨

侨界代表在中国共产党历史展览馆参观

胞也更有底气。"国庆节前夕，82岁的比利时华侨夏廷元与来自世界各地的侨界代表一起，在北京为祖（籍）国庆生，感受中国新发展。夏廷元等侨界代表来京参加国庆，是我国巩固发展统一战线的一个生动缩影。

人心是最大的政治。统一战线作为党的总路线总政策的重要组成部分，是凝聚人心、汇聚力量的强大法宝，同党领导人民建立人民政权，实行人民民主，坚持和发展社会主义民主政治，健全人民当家作主的制度体系的历史过程、社会实践和政治体制紧密结合在一起，在新时代发展全过程人民民主中责任重大、使命光荣。

完善大统战工作格局。新时代新征程巩固和发展最广泛的爱国统一战线，就是要完善大统战工作格局，坚持大团结大联合，动员全体中华儿女围绕实现中华民族伟大复兴中国梦一起来想、一起来干。2015年中央统战工作会议后，中央统一战线工作领导小组召开一系列重要会议，审议制发一系列重要文件，开展多次全国性督查检查，有力推动了党中央关于统一战线工作的重大方针政策和决策部署的贯彻落实。必须持续完善党委统一领导、统战部门牵头协调、有关方面各负其责的大统战工作格局，推动各方面力量团结在党中央周围，不断巩固"众星拱月"的良好局面。

2020年12月，党中央印发新修订的《中国共产党统一战线工作条例》，明确规定，构建党委统一领导、统战部门牵头协调、有关方面各负其责的大统战工作格局

发挥新型政党制度优势。 中国共产党领导的多党合作和政治协商制度作为我国一项基本政治制度，是中国共产党、中国人民和各民主党派、无党派人士的伟大政治创造，是从中国土壤中生长出来的新型政党制度。近年来，各民主党派中央、无党派人士积极投身经济社会发展实践，建改革发展之言、做惠民富民之事、聚同心同行之力，围绕贯彻新发展理念、构建新发展格局、推动高质量发展，围绕"一带一路"建设、京津冀协同发展、长三角一体化发展、粤港澳大湾区建设等重大政策制定和重大战略实施，提出的一批重要建议已转化为党和国家决策，显示出新型政党制度的强大生命力。

 **相关链接**

> 中共中央支持各民主党派加强对重大改革举措、重要政策贯彻执行情况和国家中长期规划中的重要约束性指标等的专项监督。自2016年起，中共中央委托各民主党派中央分别对口8个脱贫攻坚任务重的中西部省区，开展为期5年的脱贫攻坚民主监督工作，开辟了多党合作服务国家中心工作的新领域。

铸牢中华民族共同体意识。 中华民族共同体意识是国家统一之基、民族团结之本、精神力量之魂。新时代，我国以各族群众为主体，以铸牢中华民族共同体意识为根本方向，以加强各民族交往交流交融为根本途径，全面深入持久开展民族团结进步创建

2022年2月4日，北京2022年冬奥会于国家体育场正式开幕。国旗入场仪式上，全国56个民族的代表和各行各业的优秀代表，手递手传递国旗

工作。"中华民族一家亲、同心共筑中国梦"成为我国民族关系的鲜明特征和生动写照。必须坚持大团结大联合,坚持一致性和多样性统一,铸牢中华民族共同体意识,广泛凝聚共识,全面汇聚力量,形成百川入海、万壑归流的生动局面,推动各民族像石榴籽一样紧紧抱在一起,中华儿女共同"画出最大同心圆"。

全面构建亲清政商关系。全面构建亲清政商关系,促进非公有制经济健康发展和非公有制经济人士健康成长,是推动我国经济高质量发展的重要条件。党的十八大以来,习近平总书记对民营经济统战工作高度重视,作出"民营企业和民营企业家是我们自己人"等重要论断,提出支持民营企业改革发展、构建亲清政商关系、注重对年轻一代非公有制经济人士的教育培养等新课题。构建亲清政商关系,对领导干部而言,"亲"是指"积极作为、靠前服务",最终落脚到"解决实际困难";"清"是指同企业家的关系要"清白、纯洁",进而"不能有贪心私心,不能以权谋私,不能搞权钱交易"。对企业家而言,"亲"是指"讲真话,说实情,建诤言";"清"最关键的就是"遵纪守法"。

相关链接

为营造"亲而有度、清而有为"的"亲""清"新型政商关系,我国不断推进民营经济统战工作,推动出台改革开放以来党中央第一份关于民营经济统战工作的文件《关于加强新时代民营经济统战工作的意见》,推动出台了《中共中央国务院关于促进民营经济发展壮大的意见》。这两大文件要求:各级领

导干部要坦荡真诚地同民营企业家接触交往，主动作为、靠前服务，依法依规为民营企业和民营企业家解难题、办实事，守住交往底线，防范廉政风险，做到亲而有度、清而有为；民营企业家要积极主动与各级党委和政府及部门沟通交流，讲真话、说实情、建诤言，洁身自好走正道，遵纪守法办企业，光明正大搞经营。

知识卡片

"两个健康"：指非公有制经济健康发展和非公有制经济人士健康成长。2018年11月1日，习近平总书记在民营企业座谈会上指出，非公有制经济要健康发展，前提是非公有制经济人士要健康成长。希望广大民营经济人士加强自我学习、自我教育、自我提升。民营企业家要珍视自身的社会形象，热爱祖国、热爱人民、热爱中国共产党，践行社会主义核心价值观，弘扬企业家精神，做爱国敬业、守法经营、创业创新、回报社会的典范。

延伸阅读

① 习近平：《在中央人大工作会议上的讲话》，《求是》2022年第5期。

② 习近平：《在中央政协工作会议暨庆祝中国人民政治协商会议成立70周年大会上的讲话》，《求是》2022年第6期。

第六章 自信自强铸辉煌
中国式现代化要丰富人民精神世界

一个国家生生不息的历史文脉，如何传承赓续？一个民族绵延不绝的悠久文明，如何发扬光大？2023年6月，习近平总书记从党和国家事业发展全局战略高度，对中华文化传承发展的一系列重大理论和实践问题作出全面系统深入阐述，发出振奋人心的号召："要坚定文化自信、担当使命、奋发有为，共同努力创造属于我们这个时代的新文化，建设中华民族现代文明。"为完成这一新时代新的文化使命，必须坚定文化自信、秉持开放包容、坚持守正创新，在时代大潮中把握文化引领社会变革的重要作用，在人的全面发展中发挥文化创造美好生活的重要价值，为全面建设社会主义现代化国家、全面推进中华民族伟大复兴提供坚强思想保证、强大精神力量和有利文化条件。

一、思想之旗指引航向

习近平总书记指出:"在五千多年中华文明深厚基础上开辟和发展中国特色社会主义,把马克思主义基本原理同中国具体实际、同中华优秀传统文化相结合是必由之路。这是我们在探索中国特色社会主义道路中得出的规律性的认识。"中国共产党人用马克思主义真理的力量激活了中华民族历经几千年创造的伟大文明,使中华文明再次迸发出强大精神力量。"两个结合"揭示了建设中华民族现代文明的源头活水,指明了建设中华民族现代文明的前进方向。

在人类思想史上,每一种影响深远的思想体系,自创立形成之后,都有一个丰富、发展、创新的过程。比如孔子创立的儒家思想,经由孟子、董仲舒、朱熹、王阳明等大儒发扬光大,影响了中国社会2000多年。马克思主义起源于19世纪的欧洲,随着世界工人运动和社会主义运动的实践而不断丰富发展。正因为如此,马克思主义才能超越时代、跨越国度,永葆其美妙之青春。作为当代中国马克思主义、二十一世纪马克思主义,习近平新时代中国特色社会主义思想就是在把握时代变化、回答时代课题中应运而生、丰富发展的,是中华文化和中国精神的时代精华,是"两个结合"的光辉典范。

凝心铸魂铸牢根本。习近平新时代中国特色社会主义思想是全面推进强国建设、民族复兴伟业的行动指南。党的十八大以来,党和国家事业之所以取得历史性成就、发生历史性变革，最根本在于确立了习近平总书记党中央的核心、全党的核心地位，确立了习近平新时代中国特色社会主义思想的指导地位。这一思想已经写入党章、载入宪法，成为党和国

家的指导思想和精神旗帜，凝聚起了全党全国人民团结奋斗的强大精神力量，对推进中国式现代化、实现中华民族伟大复兴具有决定性意义。必须坚持读原著、学原文、悟原理，着力在真学真懂真信真用、深化内化转化上下功夫，学习好领会好习近平新时代中国特色社会主义思想的科学体系、核心要义、实践要求，掌握好运用好这一思想的世界观、方法论和贯穿其中的立场观点方法，更好统一思想认识、明确前进方向、凝聚奋进力量。

壮大主流思想舆论。历史和现实都告诉我们，舆论的力量绝不能小觑。好的舆论可以成为发展的"推进器"、民意的"晴雨表"、社会的"黏合剂"、道德的"风向标"，不好的舆论可以成为民众的"迷魂汤"、社会的"分离器"、杀人的"软刀子"、动乱的"催化剂"。新时代以来，我们持续发改革奋进之强音、立主流思想舆论之强势，有力推动了全党全国各族人民文化自信明显增强。当前，强国建设、民族复兴迎来了光明前景，同时也更需要强信心、聚民心、暖人心、筑同心。必须加强和改进正面宣传，科学把握社会心理和社会情绪，找准党的方针政策与群众关切的契合点，多报道党和政府的惠民利民之举，多挖掘平凡生活中的热心人、暖心事，营造正能量、好声音充

沛的社会氛围，鼓舞全党全国各族人民朝着党中央确定的目标风雨无阻向前进。

📕 学习在线

要以深厚的文化修养、高尚的人格魅力、文质兼美的作品赢得尊重，成为先进文化的践行者、社会风尚的引领者，在为祖国、为人民立德立言中成就自我、实现价值。

——2016年11月30日，习近平总书记在中国文联十大、中国作协九大开幕式上的讲话

旗帜鲜明敢于亮剑。"树欲静而风不止。"事实表明，思想舆论这块阵地，马克思主义不去占领，非马克思主义、反马克思主义就会去占领。当前，思想舆论领域存在"三个地带"，其中，红色地带是我们的主战场、主阵地，我们一定要坚守这块阵地不动摇；黑色地带是负面战场，要坚决遏制、管控；灰色地带要极力争取，使之转变为红色地带。针对各种错误思潮和观点，我们要及时辨析批驳、发声亮剑，旗帜鲜明坚守真理、捍卫真理，更好地巩固思想基础、凝聚思想共识。

🔗 相关链接

2022年，国家网信办组织开展13项"清朗"专项行动，累计清理违法和不良信息5430余万条，处置账号680余万个，下架App、小程序2890余款，解散关闭群组、贴吧等26万个，关闭网站超过7300家，有效清朗网络空间，有力维护网民合法权益。

二、文化根脉前进源泉

2023年暑期,《封神》成为票房黑马。影片以神话史诗武王伐纣为背景,以少年姬发的成长为故事主线,展现了中国人自古以来对故乡、亲情、忠诚、良善、家国和自我等的追寻,娓娓道出了中华优秀传统文化中是非观的神话源头,再现了有关中华文明肇始的民族集体记忆,给观众带来一场"精神还乡"与"文明溯源"的视听盛宴。

历史学家钱穆在《国史大纲》中说道:"对其本国以往历史有一种温情与敬意者,至少不会对其本国历史抱一种偏激的虚无主义。故欲其国民对国家有深厚之爱情,必先使其国民对国家以往历史有深厚的认识。"

中华民族以悠久的历史和璀璨的文化而闻名世界,中华文明有着突出的连续性、创新性、统一性、包容性与和平性。中华优秀传统文化是中华文明智慧结晶和精华所在,积淀着中华民族最深层的精神追求,代表着中华民族独特的精神标识,是中华文明永葆活力的精神支点,是我们在世界文化激荡中站稳脚跟的根基。

中华优秀传统文化源远流长。"惟我国家,亘古亘今。"放眼中华文化长河,中华民族有着瀚如烟海的精美作品、灿若群星的文化巨匠,从诗经、楚辞、汉赋、唐诗、宋词、元曲到明清小说,从万里长城、都江堰、大运河、故宫、布达拉宫到坎儿井,从奠定中华基因的孔孟二圣、碧血丹心的屈原、才华横溢的司马相如、自由不羁的李白、聪慧婉约的

西周早期青铜器何尊的铭文有"宅兹中国"四字，这是"中国"一词的最早出处

李清照、梨园之首的关汉卿到红楼一梦的曹雪芹，蔚为壮观的中华文化，成为中华文明独特的文化标识，奠定了中华文明的历史底气和人文底蕴。中华优秀传统文化有许多理念至今仍熠熠生辉，其中蕴含的天下为公、民为邦本、为政以德、革故鼎新、任人唯贤、天人合一、自强不息、厚德载物、讲信修睦、亲仁善邻等，是中国人民在长期生产生活中积累的宇宙观、天下观、社会观、道德观的重要体现，同科学社会主义价值观主张具有高度契合性。回望浩浩几千年的中华文明史，中华儿女始终怀有高度的文化自信，尽享泱泱文化大国的无上荣光。

创造性转化、创新性发展。不忘本来才能开辟未来，善于继承才能更好创新。中国共产党从成立之日起，既是中国先进文化的积极引领者和践行者，又是中华优秀传统文化的忠实传承者和弘扬者。新时代以来，为更好促进中华优秀传统文化的传承与发展，习近平总书记鲜明提出了"创造性转化、创新性发展"的要求，科学回答了文化传承什么、怎样传承、谁来传承等重大问题，深刻揭示了文化发展的客观规律。今日之中国，"文博热"火爆、"文创风"劲吹，陈列在广阔大地上的遗产、书写在古籍里的文字活起来，中华优秀传统文化创造性转化、创新性发展，让文脉传承弦歌不辍、历久弥新。

南京博物院是我国第一座由国家投资兴建的大型综合类博物馆，被评为"全国公共文化设施管理先进单位""国家一级博物馆""中央地方共建国家级博物馆""全国爱国主义教育示范基地"。图中为南博最出圈的文创产品——芙蓉石蟠螭耳炉冰箱贴

🔗 相关链接

2017年1月，中共中央办公厅、国务院办公厅印发《关于实施中华优秀传统文化传承发展工程的意见》，首次以中央文件形式专题阐述中华优秀传统文化传承发展工作，并明确将"两创"作为实施该工程的基本原则。

保护好、传承好文化遗产。文化遗产承载灿烂文明、传承历史文化、维系民族精神，是加强社会主义精神文明建设的深厚滋养。新时代以来，从敦煌文化保护研究工作持续推进，到革命文物保护利用工程等重大工程深入实施；从《复兴文库》"中国历代绘画大系"编纂出版，到中国共产党历史展览馆、中国国家版本馆等文化殿堂相继落成……在习近平总书记关心推动下，中华文化的"一池春水"生机勃勃。必须坚持把保护放在第一位，增强对历史文物和文化遗产的敬畏之心，统筹好文化遗产保护利用与经济社会发展的关系，真正做到在保护中发展、在发展中保护，让历史文化遗产在新时代绽放出更加迷人的光彩。

> **相关链接**
>
> 截至2023年10月，我国拥有57处世界遗产，各类不可移动文物76万余处，其中全国重点文物保护单位5058处；全国备案博物馆达6565家；国有可移动文物1.08亿件（套）。

广泛开展文明交流互鉴。 中华文明的博大气象，得益于中华文化自古以来开放的姿态、包容的胸怀。新时代以来，京剧、昆曲等洋溢着"中国风"的演出不断亮相国际舞台，国产影视剧海外热播，舞蹈、杂技、美术以及民间文艺接连走出国门，中非合作论坛、上海进博会、亚洲文明对话大会等一系列主场外交向世界讲述中国故事、介绍中国经验……一个亘古亘今、日新月异的中国，正以开放包容的胸怀、守正创新的精神，扎根于中华大地、展现在世界面前。当前，随着中国式现代化的成功实践，国际社会对中国奇迹产生愈加浓厚的兴趣，渴望破解中国成功的秘诀，我们更应该推进中华文化"走出去"，向世界讲好中国故事、中国共产党的故事，传播好中国声音，促进人类文明的交流互鉴，让中国形象在世人心中不断树立和闪亮起来。

2023年9月14日，在法国吉美国立亚洲艺术博物馆，"情不知所起，一往而深：中国昆曲文化专题展"浪漫诠释昆曲文化

三、核心价值凝心铸魂

2018年7月27日，江苏省灌云县开山岛民兵哨所原所长王继才在

执勤时突发疾病，经抢救无效去世，年仅58岁。2018年8月，习近平总书记对王继才同志先进事迹作出重要指示强调，王继才同志守岛卫国32年，用无怨无悔的坚守和付出，在平凡的岗位上书写了不平凡的人生华章。我们要大力倡导这种爱国奉献精神，使之成为新时代奋斗者的价值追求。王继才是社会主义核心价值观的践行者，以一名国防卫士坚定的理想信念和全心全意为人民服务的决心和信心，树立了一座巍巍的精神丰碑。

核心价值观是一个民族赖以维系的精神纽带，是一个国家共同的思想道德基础。如果没有共同的核心价值观，一个民族、一个国家就会魂无定所、行无依归。能否构建具有强大感召力的核心价值观，关系社会和谐稳定，更关系中国式现代化的顺利推进。

大力弘扬精神谱系。 人无精神则不立，国无精神则不强。精神是一个国家一个民族赖以生存和发展的灵魂，集中彰显了中国式现代化的澎湃活力。新时代以来，中国共产党以伟大建党精神为源头，带领全国各族人民共同构筑了脱贫攻坚精神、抗疫精神、"三牛"精神、科学家精神、企业家精神、探月精神、新时代北斗精神和丝路精神，丰富和发展了中国共产党人精神谱系。回望过去，正是一代代共产党人以"为有牺牲多壮志，敢教日月换新天"的精神不懈奋斗，党和国家事业发展才能不断取得一个又一个胜利。展望未来，我们必须持续弘扬中国共产党人精神谱系，用好遍布大江南北的红色资源，让更多人从中获得精神的感悟、汲取前行力量，为全面推动社会主义现代化国家建设提供不竭精神动力。

> **相关链接**
>
> 第一批纳入中国共产党人精神谱系的伟大精神：建党精神；井冈山精神、苏区精神、长征精神、遵义会议精神、延安精神、抗战精神、红岩精神、西柏坡精神、照金精神、东北抗联精神、南泥湾精神、太行精神（吕梁精神）、大别山精神、沂蒙精神、老区精神、张思德精神；抗美援朝精神、"两弹一星"精神、雷锋精神、焦裕禄精神、大庆精神（铁人精神）、红旗渠精神、北大荒精神、塞罕坝精神、"两路"精神、老西藏精神（孔繁森精神）、西迁精神、王杰精神；改革开放精神、特区精神、抗洪精神、抗击"非典"精神、抗震救灾精神、载人航天精神、劳模精神（劳动精神、工匠精神）、青藏铁路精神、女排精神；脱贫攻坚精神、抗疫精神、"三牛"精神、科学家精神、企业家精神、探月精神、新时代北斗精神、丝路精神。

加强理想信念教育。理想信念是中国共产党人的精神支柱和政治灵魂，也是保持党的团结统一的思想基础。理想信念就是共产党人精神上的"钙"，没有理想信念，理想信念不坚定，精神上就会"缺钙"，就会得"软骨病"。党的十八大以来，以习近平同志为核心的党中央在部署开展一系列党内集中教育时，都将理想信念教育作为其中一项重要内容，推动广大党员干部"四个意识""四个自信"进一步增强，理想信念更加坚定。必须推动理想信念教育常态化长效化制度化，开展形式多样的中国特色社会主义和中国梦宣传教育，开展党史、新中国史、改革开放史、社会主义发展史、中华民族发展史宣传教育，深化爱国主义、集体主义、社会主义教育，推动全体人民更加自觉地为全面建设社会主义现代化国家而团结奋斗。

2023年7月，"我们的中国梦"——文化进万家系列活动走进雨花台区

着力培育时代新人。培养什么人的问题是社会主义核心价值观建设的根本问题。培育和践行社会主义核心价值观说到底是人的思想建设、灵魂建设，聚焦的是造就具有正确世界观人生观价值观的社会主义现代化建设者。新时代，我们提出"培养担当民族复兴大任的时代新人"这一重大命题，抓住了价值观建设的根本，体现了我们党对"新时代要培养什么样的人"这一问题的深刻把握。必须把培养时代新人作为事关党和国家前途命运的重大战略任务抓紧抓好，围绕有自信、尊道德、讲奉献、重实干、求进取，着力造就时代新人之"新"，使其成为驱动中华民族加速迈向伟大复兴的蓬勃力量。

相关链接

时代新人之"新"，特别体现在有自信、尊道德、讲奉献、重实干、求进取。有自信，就是要有作为中华儿女、炎黄子孙的骄傲和自豪，作为新时代中国人的骨气和底气，爱党、爱国、爱社会主义，对"四个自信"执着坚定，对实现"两个一百年"奋斗目标、实现中华民族伟大复兴中国梦充满信心。尊道德，就是继承中华传统美德、弘扬社会主义道德，崇德向善、见贤思齐，具有善良的道德情感、正确的道德判断、自觉的道德实践。讲奉献，就是具有自觉的国家意识、民族意识、责任意识，主动担当民族复兴的历史责任，在尽责集体、服务社会、贡献国家中体现自身价值。重实干，就是坚持实践第一、知行合一，求实务实、有为善为，脚踏实地干事创业，用勤劳的双手创造美好生活。求进取，就是始终保持昂扬向上的状态姿态，富有求新求变的朝气锐气，勤于学习、勇于开拓，以新的实践创造成就民族复兴的伟大梦想。

四、以文化人增强力量

2022年2月，第24届冬季奥运会在北京成功举办。赛前，比赛场馆之齐备、防疫措施之周全、可持续运营理念之先进等中国方案令世界赞叹。

北京冬奥会闭幕式上的缅怀时刻出现"折柳寄情"环节

赛中，软萌可爱的吉祥物冰墩墩和雪容融，奥运村里的中国美食、中国功夫和中医治疗等中国文化"圈粉"世界。赛后，热情好客、团结友爱、自信开放、拼搏奋斗、追求卓越、爱好和平等中国精神影响世界。

"观乎天文，以察时变；观乎人文，以化成天下。"文化是时间和心灵酿造出来的，只有经过时间的沉淀、文心的雕琢，才能铸就浸润心灵的恒久魅力。

提供更多更优文化产品。文化强国之"强"，很重要的是有一批展示强国建设、民族复兴气象的标志性文化成果。党的十八大以来，文艺园地百花齐放、硕果累累：影视作品《长津湖》《山海情》等兼具历史厚重感和现实关怀；《人世间》《雪山大地》等文学作品展现波澜壮阔的社会变迁；复排歌剧《党的女儿》、舞剧《永不消逝的电波》等创新形式再现英雄形象。必须将发展文艺事业放在突出位置，坚持以人民为中心的创作导向，推出更多彰显信仰之美、崇高之美，弘扬中国精神、凝聚中国力量的优秀作品，引导人们树立正确的历史观、民族观、国家观、文化观，增强人们的骨气和底气。

"文艺苏军"高歌迈进，佳作持续涌现。话剧《雨花台》、滑稽戏《陈奂生的吃饭问题》、图书《因为爸爸》、歌曲《蓝天下》等获得全国"五个一工程"奖。淮剧《小镇》、苏剧《国鼎魂》获得"文华大奖"。原创歌剧《拉贝日记》《鉴真东渡》，让全世界听到了江苏声音

推进公共文化服务标准化、均等化。人民群众精神文化生活富裕是衡量共同富裕社会的重要标准，而精神文化的富足，必须以实现文化公平为前提。党的十八大以来，我们大力发展文化事业和文化产业，把现代公共文化服务体系建设作为一项民心工程，坚持政府主导、社会参与、共建共享，统筹城乡和区域文化均等化发展，覆盖城乡、便捷高效、保基本、促公平的现代公共文化服务体系加快形成。放眼全国各地广大农村、社区，

近年来，连云港市图书馆因地制宜在都市商圈、文化园区等区域，引入社会力量，打造了一批具备阅读、沙龙、风尚、美术展览等功能的城市书房

已建起基层综合性文化服务中心超过57万个，将优惠文化产品打包，打造文化超市，采取个性化、订单式服务，有效丰富了人民群众多样化、多层次、多方面的精神文化生活。必须持续深化文化体制改革，不断推进公共文化服务标准化、均等化，让中国特色社会主义文化建设成果为人民共享，不断丰富人民精神世界、增强人民精神力量。

加强公民道德建设。"百行以德为首。"加强公民道德建设、提高全社会道德水平，是全面建设社会主义现代化强国的战略任务。党的十八大以来，从《新时代公民道德建设实施纲要》《新时代爱国主义教育实施纲要》先后印发，到"时代楷模""中国好人"不断涌现，再到文明家庭、文明校园等精神文明创建活动深入开展，尊老爱幼、勤俭节约等植根于传统文化的文明新风吹进百姓心田，为中国特色社会主义事业提供源源不断的道德滋养。必须持续推进公民道德建设工程，着力加强社会公德、职业道德、家庭美德、个人品德建设，弘扬中华传统美德，加强家庭家教家风建设，推动明大德、守公德、严私德，提高全体人民道德水准和文明素养。

> **相关链接**
>
> 截至2023年11月，江苏省先后推出赵亚夫、王继才等7个全国"时代楷模"，81人（组）获评全国道德模范及提名奖，47人入选全国"最美人物"，1398人（组）入选"中国好人榜"；选树24个江苏"时代楷模"，418人（组）获评江苏省道德模范及提名奖，450人入选江苏"最美人物"，3183人（组）入选"江苏好人榜"。

推进书香社会建设。书籍是人类进步的阶梯。五千多年的中华文明多是通过书籍文字的形式流传至今，卷帙浩繁的书籍中有是非、有筋骨、有道德、有温度、有力量。传承中华基因、赓续中华血脉、继承人类优秀文明成果，阅读是最有效、最直接、最简单的形式。进入

第十三届江苏书展主展场线下线上实现销售码洋约 2.52 亿元。其中苏州主展场零售 920 万元，全省实体书店分展场零售 4885 万元；江苏书展 App 等线上分展场、直播带货 7530 万元；馆配团购、农家书屋现场采购累计 11854 万元

新时代，我国相继出台了《中华人民共和国公共图书馆法》等规章制度，大力提倡全民阅读。截至 2022 年底，全国共有公共图书馆 3303 个、文化馆 3503 个，全民阅读蔚然成风。必须加快构建覆盖城乡的全民阅读推广服务体系，大力营造爱读书、读好书、善读书的浓厚氛围，让更多人在阅读中得到思想启发、滋养浩然之气，让中华民族的精神世界更加厚重深邃。

延伸阅读

① 习近平：《在文化传承发展座谈会上的讲话》，《求是》2023 年第 17 期。

② 习近平：《论党的宣传思想工作》，中央文献出版社 2020 年版。

第七章 增进福祉守民心

中国式现代化要实现全体人民共同富裕

共同富裕一头连着中华民族的"大梦想",一头连着每个家庭、每个中国人的"小日子"。《周礼·天官冢宰·小宰》提到"以富邦国,以养万民,以生百物",《礼记·礼运》说"大道之行也,天下为公"……几千年来,中华民族始终保有对共同富裕的美好期盼。但在中国2000多年的封建社会里,统治者对解决民生问题既缺乏主观能动,也不具备客观条件,大多数时候人们生活都处在困顿的境地。中国共产党领导人民建立新中国、走上社会主义道路后,中国人民的生活才发生了质的改变,随着现代化建设的步伐不断迈上新台阶。党的二十大坚持以人民为中心的发展思想,对实现全体人民共同富裕作出一系列高含金量的政策安排,努力让现代化建设成果更多更好惠及全体人民。

一、分配制度是基础

治国之道，必先富民。共同富裕既是发展问题又是分配问题。"富裕"意味着发展达到了较高的阶段，"共同"意味着发展成果公平享有。分配制度是社会主义基本经济制度的主要内容，也是促进共同富裕的基础性制度。只有完善分配制度，才能进一步调动广大劳动者生产积极性、更好发挥人力资源和人力资本的作用、持续扩大国内需求特别是居民消费需求，构建合理分配格局。

党的二十大报告强调"扎实推进共同富裕"，指出"坚持按劳分配为主体、多种分配方式并存，构建初次分配、再分配、第三次分配协调配套的制度体系"，为在全面建设社会主义现代化国家的新征程上逐步缩小收入差距，扎扎实实朝共同富裕的目标迈进指明了方向、提供了遵循。

> **学习在线**
>
> 我们要围绕满足人民日益增长的美好生活需要，加大民生保障力度，着力扩大就业，解决好人民群众急难愁盼问题，加强对困难群体兜底帮扶，巩固拓展脱贫攻坚成果，全面推进乡村振兴，扎实推进共同富裕，不断增强人民群众获得感、幸福感、安全感。
> ——2023年9月28日，习近平总书记在庆祝中华人民共和国成立74周年招待会上的讲话

初次分配是促进共同富裕的重要途径。初次分配是根据土地、资本、劳动、数据等各种生产要素在生产过程中的贡献进行分配。目前，我国住户部门可支配收入占国民可支配总收入的比重约为60%，劳动者报酬占国民可支配总收入的比重约为50%，有待提高。要坚持按劳分配为主体，

坚持居民收入增长和经济增长基本同步、劳动报酬提高与劳动生产率提高基本同步，构建体现效率、促进公平的收入分配体系。我国中等收入家庭人口占总人口的比重为30%多，提升空间较大。要坚持多劳多得，鼓励勤劳致富，促进机会公平，增加低收入者收入，扩大中等收入群体。实行劳动、资本、土地、技术、管理、知识、数据等生产要素由市场评价贡献、按贡献决定报酬的机制，健全各类生产要素由市场决定报酬的机制，拓展和创新收入分配方式。

> **相关链接**
>
> 收入分配结构的4种模型：
>
> 1.橄榄型，表现为"中间大、两头小"，中等收入群体占比最多，低收入和高收入群体均占少数。
>
> 2.金字塔型，表现为"底座庞大、塔尖细小"，其收入分配特点是高收入群体、中等收入群体和低收入群体的规模依次变大。
>
> 3.哑铃型，表现为"两头大、中间细长"，其收入分配特点是中等收入群体较少，高收入群体和低收入群体均占比较高。
>
> 4.倒丁字型，表现为高收入和中等收入群体较少，低收入群体数量庞大。

再分配是促进共同富裕的重要手段。再分配是政府根据法律法规，在初次分配的基础上，通过征收税收和政府非税收入，在各收入主体之间以现金或实物进行的收入再次分配过程，目的是弥补初次分配的不足。比如，2022年中央对地方转移支付规模近9.8万亿元，比2021年增加约1.5万亿元，作用明显。必须发挥再分配的调节作用，加大税收、社保、转移支付等的调节力度，积极缩小地区差距、城乡差距、收入分配差距，避免和杜绝财富的大幅增长和积累，增强财富分配的公平性。同时还要完善个人所得税制度，规范收入分配秩序，规范财富积累机制，保护合法收入，调节过高收入，取缔非法收入，在经济发展和财力可持续基础上加强保障和改善民生，尽力而为、量力而行，循序渐进、久久为功，推动共同富裕取得更为明显的实质性进展。

第三次分配是促进共同富裕的辅助方式。第三次分配主要是企业、社会组织、家庭和个人等基于自愿原则，以募集、捐赠、资助、义工等慈善、公益方式对所属资源和财富进行分配。党的十九届四中全会提出"重视发挥第三次分配作用，发展慈善等社会公益事业"；十九届五中全会又进一步指出"发挥第三次分配作用，发展慈善事业，改善收入和财富分配格局"。公益慈善正在成为促进社会公平、推进共同富裕的重要力量。

苏州工业园区慈善总会打造的"绽放人生"慈善驿站99公益市集集结了义卖、科普、游戏、表演、夜跑等诸多公益互动玩法

企业是我国慈善捐赠的主体，目前企业捐赠占款物捐赠总量的60%以上。发挥好第三次分配作用，必须引导、支持有意愿有能力的企业和社会群体积极参与公益慈善事业，形成初次分配、再分配和第三次分配更有效协调联动的格局，同向发力促进共同富裕。

相关链接

2023年5月底，《江苏省贯彻落实扩大内需战略实施方案》出台，第78条："鼓励发展慈善事业和志愿服务。完善慈善褒奖、慈善动员等机制，落实公益性慈善捐赠税收优惠政策，鼓励企业和社会群体积极参与公益慈善事业。发展壮大慈善组织，发展'互联网+慈善'等新型慈善业态，健全对慈善组织和活动的评估监督机制。大力发展志愿服务，提高社会文明程度。"

二、就业优先最基本

就业是民生之本，是民生改善的"温度计"，是观察经济社会发展的"晴雨表"，是社会和谐稳定和国家长治久安的"压舱石"。促进高质量的就业是扎实推动高质量发展和共同富裕的重要前提和基础，也是全面建设社会主义现代化国家、实现中华民族伟大复兴的必然要求。

党的十八大以来，以习近平同志为核心的党中央着眼于新时代新征程，高度重视就业这个最大的民生，坚持在推动高质量发展中强化就业优先导向，始终把促进就业摆在优先位置，深入实施就业优先战略和积极就业政策，不断丰富发展更加积极的就业政策，推动实现更加充分、更高质量的就业。

相关链接

新时代以来，就业局势保持总体稳定，就业规模持续扩大、结构不断优化，城乡就业格局发生历史性改变。党的十八大以来，我国城镇新增就业年均超过1300万人，调查失业率总体低于预期控制目标。8000多万高校毕业生总体就业水平保持稳定，农民工总量增至2.9亿人，脱贫劳动力务工规模保持在3000万人以上。14亿多人口的大国实现了比较充分的就业，牢牢托举着亿万人民的美好生活，有力支撑经济平稳运行、社会和谐稳定。

健全就业公共服务体系。就业公共服务体系是我国基本公共服务体系的重要组成部分。持续加强统一规范的人力资源市场体系建设，着力打造覆盖全民、贯穿全程、辐射全域、便捷高效的全方位公共就业服务体系，有助于扩大就业规模、改善就业结构、提高劳动力市场供需匹配效率。要健全就业公共服务体系，加强就业服务标准化和人员队伍建设，提高公共服务水平，增强均衡性和可及性。完善重点群体就业支撑体系，着重强化对大学毕业生等青年就业群体的就业创业支持，加强对新就业形态等灵活就业的服务，持续对零就业家庭等困难群体进行就业扶持和兜底保障，使人人都有通过勤奋劳动实现自身发展的机会。

> **典型案例**
>
> ## 江苏三年打造1000个"家门口"就业服务站，让"就在身边"惠及每一位困难群众
>
> 聚焦就业困难人员的急难愁盼，江苏2023年启动建设"家门口"的就业服务站三年行动计划，明确到2025年打造1000个"家门口"就业服务站，兜底帮扶10万名困难群体就业。今年首批建设300个服务站，帮扶就业3万人以上，已列入省政府民生实事项目。
>
> "我们社区有常住人口2835户，今年需要就业帮扶805人，其中就业困难34人、大学生1人、特殊人员21人、失业人员32人……辖区有招聘意向的企业98家、商户43家，零工需求单位12家。"对于社区的就业情况，无锡市惠山区堰桥街道林陆巷社区党总支书记欧云凯如数家珍。"这些信息我们社区就业一体化信息平台上都有记录。企业的招聘意向是社区8个网

格员和50多位志愿者上周刚走访搜集的。"欧云凯说，对于搜集的岗位信息，社区已经通过线上线下渠道发送给了居民。

拥有一技之长是稳定就业的前提，为此林陆巷社区就业服务站先后与3家培训机构签订技能培训合作，为失业无业人员提供专业烘焙师、家庭整理师、汽修工、电焊工、裁缝等培训，对就业技能欠缺的人员，服务站还邀请指导老师"一对一"进行就业指导。

完善就业保障制度。制度完善是解决就业问题的良方。根据调查，我国新就业形态劳动者已达8400万人。新就业形态已经成为我国保就业、解决结构性就业矛盾的重要途径。健全完善就业保障制度刻不容缓。必须抓紧研究制定保障灵活就业和新就业形态劳动者权益的法律法规和制度体系，规范灵活就业和新就业形态健康发展，促进高质量充分就业；完善行业公约和行业标准，促进企业加强自律、依法用工，自觉履行其应当承担的用工和权益保障责任；加强人力资源市场监管，实施维护灵活就业和新就业形态劳动者劳动保障权益专项行动，推动各项法律法规和政策措施落地见效；健全劳动用工风险监测预警和劳动争议调解联动机制，引导就地就近便捷调处纠纷，持续激发市场活力和社会创造力，培育接续有力的就业新动能，放大就业倍增效应。

> **相关链接**
>
> 新就业形态就业人员职业伤害保障试点自2022年7月在北京、上海、江苏等7省市的7家平台企业启动实施以来，已取得明显成效。截至2023年9月末，累计有668万人被纳入保障范围，已有3.2万人次获得职业伤害保障待遇4.9亿元。

构建和谐劳动关系。 劳动是"一切人类生活的第一个基本条件"。劳动关系是生产关系的重要组成部分，是最基本、最重要的社会关系之一。新中国成立以来特别是改革开放以来，我国在构建和谐劳动关系上不断探索实践，积累了丰富经验。特别是新时代，我们把构建和谐劳动关系摆到更加突出的位置，全面规范劳动力市场建设和管理，切实保障和维护广大劳动者权益，不断建立健全协调劳动关系机制，各项工作取得长足进展。必须贯彻尊重劳动、尊重知识、尊重人才、尊重创造的重大方针，破除妨碍劳动力、人才社会性流动的体制机制弊端，排除阻碍劳动者参与发展、分享发展成果的障碍，大力弘扬劳模精神、劳动精神、工匠精神，引导广大人民群众树立辛勤劳动、诚实劳动、创造性劳动的理念，努力让劳动者实现体面劳动、全面发展。

> **典型案例**
>
> ## 苏州姑苏区探索构建和谐劳动关系新办法
>
> 2021年，姑苏区被省人社厅列入第一批省级和谐劳动关系综合配套改革试点区。此后，姑苏区努力推进社会治理现代化，践行新时代"枫桥经验"，推进社会治理精细化、智慧化、高效化，

强化劳动监察网格治理穿透体系，相继推出"人力资源助理""共享人事经理""劳动关系综合指导服务站"等工作举措，探索构建和谐劳动关系的新办法、新路径、新模式。

关口前移，将矛盾解决在萌芽状态，是姑苏区营造和谐劳动关系的重要抓手。针对观前商圈新业态劳动者集聚的情况，姑苏区开设"新业态劳动人事争议调解中心"，保障这部分劳动者的合法权益。针对该群体流动性大、劳动关系复杂等情况，做到尽心解答、尽快办理、尽力维权。2023年11月1日，姑苏区劳动监察大队平江中队观前商圈劳动调解站正式启用。作为重点商圈家门口人社服务站的一部分，调解站为周边企业提供用工指导，现场快速调解劳资纠纷。

三、社会保障促稳定

"民生无小事，枝叶总关情。"社会保障恰是一架桥梁，一头连着党和政府，一头连着广大群众，关乎人民最关心最直接最现实的利益问题，对促进共同富裕具有重要作用。当前，我们已经踏上全面建设社会主义现代化国家新征程，进入扎实推进共同富裕的历史阶段。我们要把增进民生福祉、促进社会公平作为发展社会保障事业的根本出发点和落脚点，健全覆盖全民、统筹城乡、公平统一、安全规范、可持续的多层次社会保障体系，不断满足人民群众多层次多样化需求，为广大人民群众提供更可靠更充分的保障，使改革发展成果更多更公平惠及全体人民。

> **相关链接**
>
> 党的十八大以来，我国基本养老、失业、工伤三项社会保险参保人数分别从2012年的7.9亿人、1.5亿人、1.9亿人，增加到2022年6月的10.4亿人、2.3亿人、2.9亿人，十年间仅养老保险就增加了2.5亿人。此外，保障能力持续增强，三项社会保险基金累计结余6.9万亿元，社会保险基金年度收支规模超过13万亿元，市场化投资运营基金超过8万亿元。

建设中国特色社会保障体系。橘生淮南则为橘，生于淮北则为枳。世界各国发展水平、社会条件、文化特征不同，社会保障制度必然多种多样。虽然我们注重学习借鉴国外社会保障有益经验，但不是照抄照搬、简单复制，而是立足国情、积极探索、大胆创新，建设具有鲜明中国特色的社会保障体系。新时代，我们坚持发挥中国共产党领导和我国社会主义制度的政治优势，既尽力而为又量力而行，把提高社会保障水平建立在经济和财力可持续增长的基础之上，围绕全覆盖、保基本、多层次、可持续等目标，切实破除体制机制障碍，加强社会保障体系建设，推动社会保障事业不断前进。新征程上，必须重点扩大城乡居民基本养老保险、城乡基本养老服务、城乡社会救助等方面的保障覆盖面，持续加大财政投入，织密社会保障网，提高社会保障水平，推进社会保障体系高质量发展。

> **相关链接**
>
> 截至2022年末，江苏全省基本养老保险参保人数6017.89万人，失业保险参保人数2031.85万人，工伤保险参保人数2401.01万人。

2022年全年基本养老、失业、工伤保险基金总收入5647.23亿元，总支出4903.09亿元。

深化社会保障制度改革。既是历史必然，又是现实需要。党的十八大以来，以习近平同志为核心的党中央引领社会保障制度改革蹄疾步稳、积厚成势，改革的系统性、整体性、协同性进一步增强。统一城乡居民基本养老保险制度，实现机关事业单位和企业养老保险制度并轨，降低社会保险费率，划转部分国有资本充实社保基金，启动实施企业职工基本养老保险全国统筹，推动个人养老金发展……依托一项项改革举措的推进、一个个改革目标的实现，社会保障制度由"从无到有"向"从有到好"转变。新征程上，必须继续推动社会保障制度改革向更深层次挺进、更高境界迈进。坚持把握原则、统筹推进，确保各项改革形成整体合力，产生更大的"化学反应"。坚持聚焦重点、攻坚克难，紧盯老百姓的烦心事、操心事、揪心事，在基本医疗保险、失业保险、工伤保险省级统筹等方面打出一系列"组合拳"，给人民群众带来更多、更直接、更实在的获得感幸福感安全感。

相关链接

十年来，江苏社会保障制度改革多点突破、积厚成势，全民参保计划落地见效，基本建成全覆盖、保基本、多层次、可持续发展的社会保障体系。十年来，江苏社会保障重大制度改革有序推进，全面实施机关事业单位养老保险制度改革，创新建立"1+3"企业职工基本养老保险基金省级统收统支制度体系，在全国率先将超过法定退休年龄人员和实习生纳入工伤保险参保范围，启动新就业形态就业人员职业伤害保障试点，取消省内外灵活就业人员参保户籍限制,划转国有资本充实社保基金,建立起地方财政补充企业职工基本养老保险基金投入长效机制。

加强社会保障精细化管理。 社会保障关乎人民最关心最直接最现实的利益问题,经办服务质量和水平直接影响群众体验和幸福。党的十八大以来,以习近平同志为核心的党中央把社会保障体系建设摆上更加突出位置,统筹城乡的五级经办管理服务网络基本形成,管理服务规范化、标准化、信息化建设进一步加强,群众社保事务就近办、线上办、快速办更加方便快捷。新征程上,必须适应人口大规模流动、就业快速变动的趋势,健全社会救助、社会福利对象精准认定机制,实现应保尽保、应助尽助、应享尽享。顺应数字化蓬勃发展潮流,完善全国统一的社会保险公共服务平台,充分利用互联网、大数据、云计算等信息技术创新服务模式,让服务更加集约精准、智慧便捷。满足群众多层次多样化需求,坚持传统服务方式和智能化服务创新并行,突出照顾老年人、残疾人等群体,让群众在家门口能办事、抬抬脚可享受服务。

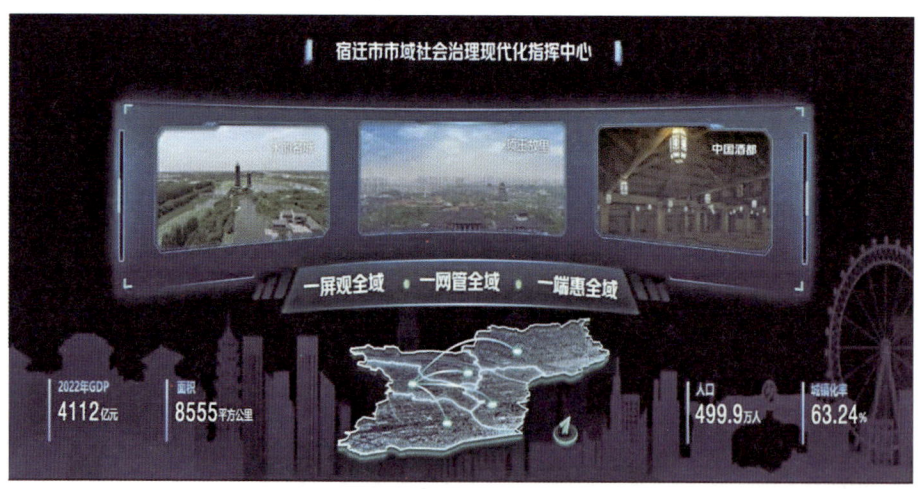

> **典型案例**

靖江:"家门口"的服务,有速度更有温度

老年人是基层便民服务中心服务的主要群体,靖江市各镇(街道)积极探索传统服务方式与智能化服务创新并行,为老年人提供更周全、更贴心的便利化服务。生祠镇针对65岁以上行动不便老人及高龄老人专门设立了"银发通道",提供帮办代办、上门办服务,并协调医保、民政、残联等部门,梳理出13个"一件事一次办"老年人主题服务事项清单;季市镇设置了老年人接待专窗和专座,提供人工引导、帮办代办等"适老化"特色服务,让老年人办理业务"少等待,零障碍";孤山镇依托全镇108个基础网格,建立镇、村两级帮办代办队伍,为老年人、残疾人等特殊困难群体提供服务,2023年上半年帮办代办2000余人次。

> **延伸阅读**

① 习近平:《扎实推动共同富裕》,《求是》2021年第20期。

② 习近平:《促进我国社会保障事业高质量发展、可持续发展》,《求是》2022年第8期。

第八章

美丽中国靓底色
中国式现代化要促进人与自然和谐共生

在苏州张家港东沙化工园区,一个绿色转型的"涅槃"故事正在发生。东沙化工园区曾是地方经济发展的"主力军",但园区产业层次不够高,对长江沿江周边环境影响很大。长江大保护启动以来,当地政府宁可减少财政收入,也不要"黑色GDP",全面关停环保不达标、安全没保障的低端落后化工企业,整体"腾笼换鸟""凤凰涅槃",发展智能装备、新型材料等产业,成功实现"华丽转身"。东沙化工园区壮士断腕、铁肩担当,重塑园区崭新模样,是我国绿色发展转型的生动实例。

一、绿色转型　关键环节

尊重自然、顺应自然、保护自然，是全面建设社会主义现代化国家的内在要求。党的二十大报告对如何加快发展方式绿色转型进行了顶层规划，提出了新的要求，指明了新的方向；这既是根据具体国情作出的科学论断，更是落实以人民为中心的发展思想的生动体现。目前，建立健全绿色低碳循环发展经济体系、促进经济社会发展全面绿色转型是"十四五"规划的关键布局之一，是解决我国生态环境问题的基础之策，是推进我国生态文明建设的重要举措。

 相关链接

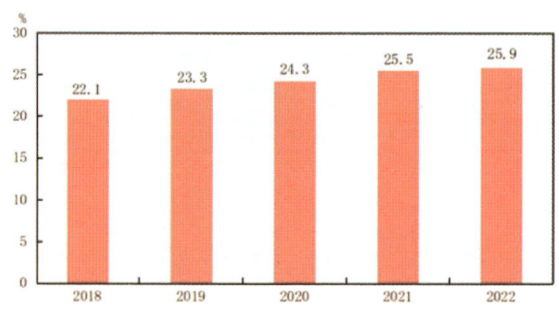

2018—2022年清洁能源消费量占能源消费总量的比重，国家统计局制

党的十八大以来，我国推动发展方式绿色转型取得了显著成效。从数据上看，我国以年均3%的能源消费增速支撑了年均超过6%的经济增长，能耗强度累计下降26.4%，是全球能耗强度降低最快的国家之一；碳排放强度累计下降超过35%，扭转了二氧化碳排放快速增长的态势，建成了全球规模最大的碳市场和清洁发电体系。在能源消费方面，煤炭占能源消费比重下降至56.2%，清洁能源消费比重增长到25.9%，可再生能源装机占全国发电总装机的47.3%，超

过全国煤电装机容量，水电、风电、太阳能发电、生物质发电装机均稳居世界第一，新能源汽车产销量连续8年稳居世界第一。

调整结构，源头防治提效率。 只有从源头上减少污染物的排放，污染防治的效率才能得到有效提高，绿色转型才能落到实处。调整产业结构，坚决遏制高耗能、高排放传统产业盲目发展，减少钢铁、水泥等的消耗，推动战略性新兴产业、高技术产业加快发展，推动5G、大数据中心等新兴领域能效提升，全面提高资源利用效率。调整能源结构，大力推进煤炭等化石能源清洁高效利用，加快发展非化石能源如风能、水能，实施可再生能源替代行动，着重提高利用效能。调整运输结构，着重减少公路运输量，推进"公转铁""公转水""铁水联运"，提高大宗货物的运输速度，推动城镇物流配送车辆电动化，鼓励使用新能源汽车。调整用地结构，推进面源污染治理，严格把控用地比例，降低工业用地比例，守好耕地红线、巩固绿化成果。

知识卡片

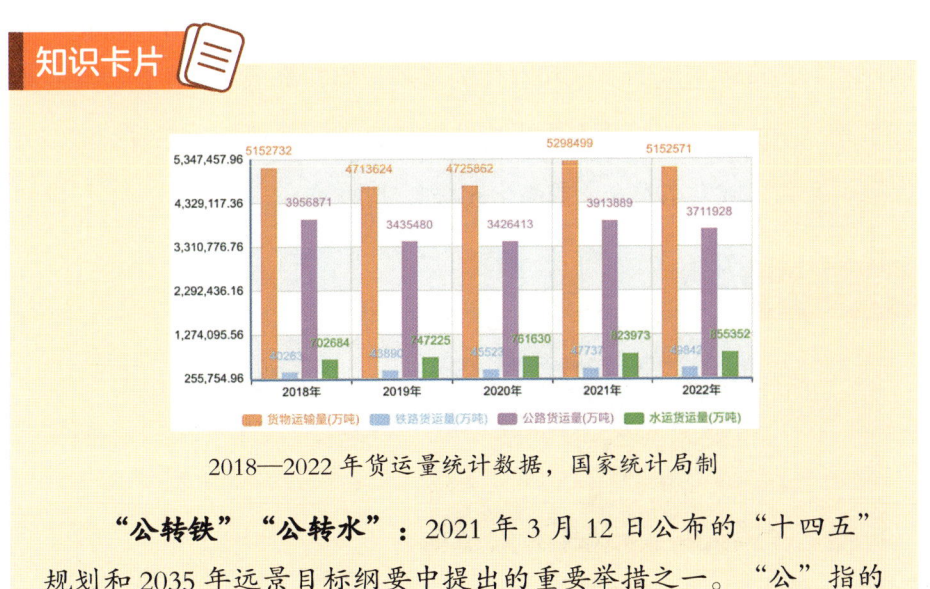

2018—2022年货运量统计数据，国家统计局制

"公转铁""公转水"：2021年3月12日公布的"十四五"规划和2035年远景目标纲要中提出的重要举措之一。"公"指的

是公路运输，以重型柴油货车为代表，特征是污染排放大、道路扬尘重；"铁"指的是铁路运输，以火车为代表，特征是污染小、潜能大；"水"指的是水路运输，以轮船为代表，特点是污染小、成本低。我国公路货运量占比高达73%，污染排放大，须进一步优化调整运输结构，充分发挥铁路、水运在大宗物资运输中的低成本、低能耗优势。

优化布局，用途管控守边界。"没有规矩，不成方圆。"我国地大物博，同时存在平原、丘陵、山地、高原等地貌，不同地貌有着不同的地理特点，这就意味着每片区域都要有其特殊的管理办法。国土布局需要严格把控区域边界，优化、调整区域布局。要实现区域布局的最优化，就必须维持人口资源和环境资源相均衡、经济效益和生态效益相统一，做到科学布局生产空间、生活空间、生态空间三大空间，着力构建和谐、有序、科学、合理的国土空间布局格局。具体来说，就是保证生产空间的高效，提高维护生产设施和高效处理生产废物的应急处置能力；保证生活空间的便利，积极改造老旧城区和农村的基础设施，降低城乡生活差距；保证生态空间的安全，减少人为干扰和破坏，划定并严守生态保护红线，保障国家和区域生态安全，提高生态服务功能。

知识卡片

娘娘山，贵州第一高原湿地

"三线一单"： "三线"指的是生态保护红线、环境质量底线、资源利用上线，"一单"指的是生态环境准入清单。"三线一单"是在一张图上落实生态保护、环境质量目标管理、资源利用管控要求，构建生态环境分区管控体系。目前，各省生态环境分区管控几乎都是按照"三线一单"的标准来比对和实施的。

节约资源，科学利用保根基。 资源的开发和利用不仅要满足当代人的需求，也应满足后代人的发展。我国人口规模巨大，对资源的需求量也大，但资源总量是有限的，必须想方设法转变资源利用方式。首先，要提高资源利用效率，实施最严格的资源管理制度，严格把控水资源等资源利用量，确保资源的高效利用。其次，要推动重点领域低碳循环发展，推进钢铁、石化、建材等行业的绿色化改造，支持各种废弃物、垃圾集中处理和资源化利用，重视资源的再生循环利用。最后，要构建绿色发展政策体系，完善支持绿色发展的财税、金融、投资、价格政策和标准体系，发展绿色低碳产业，健全资源环境要素市场化配置体系，倡导绿色消费，推动形成绿色低碳的生产方式和生活方式。

学习在线

没有发展，就不能聚集起绿色转型的经济力量；忽视民生，就会失去绿色转型的社会依托。我们要准确理解可持续发展理念，坚持以人民为中心，协调好经济增长、民生保障、节能减排，在经济发展中促进绿色转型、在绿色转型中实现更大发展。

——2021年11月11日，习近平主席在亚太经合组织工商领导人峰会上的主旨演讲

发展农业，绿色导向利农民。良好生态环境是农村最大优势和宝贵财富。无论是推进共同富裕，还是建设现代化国家，农村都是不可忽视的环节之一，农业产业的绿色转型和低碳高效化转型都是必然要面对的难题。为了改变传统农业过度依赖资源消耗的发展模式，必须坚决落实保护土地的政策，因地制宜进行农耕劳作，避免破坏土壤承受能力；加强农业生产过程中的废物处理，进行无害化、资源化处理，做到废弃物资源化；优化绿色农业区域的项目布局，施工场地要远离自然保护区和水源保护区等敏感地区，加快发展种、养有机结合的循环农业；在市场化机制上增加生态补偿和农作物补贴等措施，让农民在实践农业绿色转型的过程中获得实实在在的利益，主动成为绿色空间的守护人。

> **学习在线**
>
> 绿水青山就是金山银山。良好生态环境既是自然财富，也是经济财富，关系经济社会发展潜力和后劲。我们要加快形成绿色发展方式，促进经济发展和环境保护双赢，构建经济与环境协同共进的地球家园。
>
> ——2021年10月12日，习近平主席在《生物多样性公约》第十五次缔约方大会领导人峰会上的主旨讲话

二、污染整治　大仗硬仗

在首都北京，有一位市民邹毅用他的相机记录了祖国蓝天的"十年之变"。自2013年1月27日起，邹毅每天坚持在同一时间、同一地点、同一角度，将相机镜头对准北京的天空拍摄一张照片发布到网络上，并把这一"北京视觉空气日志"命名为《北京·一目了然》。十年过去了，他的照片实实在在地见证了北京的天空从"雾霾灰"到"常态蓝"的转变。

北京市的好天儿多了，空气清新了，曾经人们向往的那抹"APEC 蓝"永远留在了天空之中，我国大气污染治理取得里程碑式的突破。

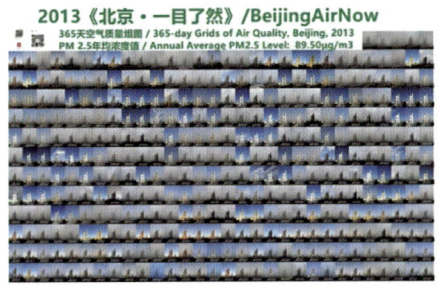 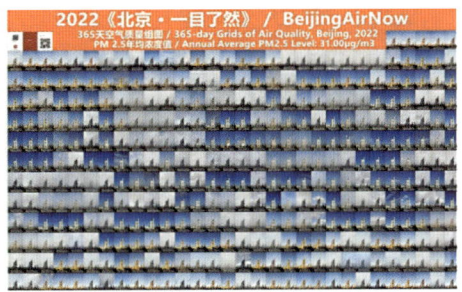

北京天空从"雾霾灰"到"常态蓝"

北京重现的蓝天正是全国环境污染治理的一个缩影。党的十八大以来的十年，是我国生态文明建设和生态环境保护力度最大、举措最实、推进最快、成效最显著的十年。这期间，美丽中国建设的成效举世瞩目，全党全国推动绿色发展的自觉性和主动性显著增强，污染防治攻坚战各项阶段性目标任务圆满完成。随着我国的绿色版图不断扩展，城乡环境更加宜居，蓝天白云、繁星闪烁已经成为常态，清水绿岸、鱼翔浅底的景象也明显增多，中国共产党对世界展现了一份优秀的"污染整治中国答卷"。

学习在线

> 要把生态环境保护放在更加突出位置，像保护眼睛一样保护生态环境，像对待生命一样对待生态环境，在生态环境保护上一定要算大账、算长远账、算整体账、算综合账，不能因小失大、顾此失彼、寅吃卯粮、急功近利。
>
> ——2015 年 1 月 19 日至 21 日，习近平总书记在云南考察工作时的讲话

《关于深入打好污染防治攻坚战的意见》中有关打好蓝天、碧水、净土保卫战的具体要求

拯救蓝天，绿色转型减排放。 人类共同拥有一个地球，我们同在一片蓝天下。新时代，为应对大气污染，降低大气污染物排放量，我国大力调整产业结构、能源结构和交通运输结构，打出一套降低企业能耗、减少生活燃煤、改用新兴能源、推广绿色交通、设立相关法规的"组合拳"，打响了"加强污染物协同控制，基本消除重污染天气"的蓝天保卫战。我国是世界上第一个全面治理PM2.5污染的发展中国家，在保证经济快速增长的同时，环境空气质量也显著改善，为其他国家大气污染治理提供了中国经验和中国样板。必须将消除重污染天气攻坚战行动进行到底，严控污染物的排放增量，坚决遏制"两高"项目盲目发展，依法依规退出重点行业落后产能，推动产业结构和布局优化调整；大力发展新能源和清洁能源，严格控制煤炭消费增长，推动能源绿色低碳发展，誓为人民群众守护好美丽蓝天。

 相关链接

2013—2022年，全国GDP增长69%，PM2.5平均浓度下降57%，重污染天数下降92%。

守护碧水，严格整治控污染。 人类逐水而居，文明因水而兴。新时代，以习近平同志为核心的党中央把水生态环境保护摆在生态文明建设的重要位置，坚决打好"统筹水资源、水环境、水生态治理，推动重要江河湖库生态保护治理，基本消除城市黑臭水体"的碧水保卫战，推动我国水生态环境保护发生了转折性变化。通过开展入河入海排污口排查整治、城市黑臭水体治理、消除劣Ⅴ类水质断面等一系列重大行动，碧水保卫战取得了显著成效。同时，为了进一步巩固碧水保卫战的成效，需要从巩固和提升水环境质量方面、水生态保护修复方面、推进落实重点流域水生态环境保护规划方面落手。在国家层面，持续打好长江保护修复攻坚战，着力打好黄河生态保护治理攻坚战，巩固提升饮用水安全保障水平，着力打好重点海域综合治理攻坚战，强化陆域海域污染协同治理；在地方层面，各地继续加强城市的黑臭水体治理、水环境质量提升、水生态修复，给老百姓提供一个水清岸绿的生活休闲空间。

知识卡片

水质级别： 按照《中华人民共和国地表水环境质量标准》，依据地表水水域环境功能和保护目标，按功能高低依次划分为Ⅰ至Ⅴ五类。其中，Ⅰ类水质良好，地下水只需消毒处理，地表水经简易净化处理、消毒后，即可供生活饮用。Ⅱ类水质受轻度污染，经常规净化处理（如絮凝、沉淀、过滤、消毒等）后，可供生活饮用。Ⅲ类水质经过处理后也能供生活饮用。Ⅳ类以下水质恶劣，不能作为饮用水源。

相关链接

新时代十年来，全国地表水Ⅰ到Ⅲ类水质断面比例提高23.8个百分点，达到87.9%，已接近发达国家水平；长江干流连续三年

长江水质改善，水生生物多样性恢复向好，"微笑天使"江豚频频露脸

全线达到Ⅱ类水质，黄河干流首次全线达到Ⅱ类水质，全国地级及以上城市建成区黑臭水体基本消除，饮用水安全保障水平得到有效提升。

捍卫净土，部门联动同治理。 土壤污染防治事关经济社会的可持续发展，事关广大人民群众身体健康。新时代，我们打好"加强土壤污染源头防控，开展新污染物治理"的净土保卫战，各地区顺利完成《土壤污染防治行动计划》确定的受污染耕地安全利用率和污染地块安全利用率"双90%"目标任务，初步遏制土壤污染加重趋势，基本管控土壤污染风险，土壤环境质量总体保持稳定。同时，为了拓展污染防治攻坚战的深度和广度，我国提出了开展新污染物治理的新要求。新征程上，必须加强科技支撑，把新污染物治理作为国家基础研究和科技创新的重点领域，抓好关键核心技术攻关；同时，有效防范新污染物环境与健康风险，加强新污染物治理体系和治理能力现代化建设，以最大力度保障生态环境安全和人民群众身体健康。

知识卡片

新污染物： 即新型污染物，也称新兴污染物，是指新近发现或被关注，对生态环境或人体健康存在风险，尚未纳入管理或者现有管理措施不足以有效防控其风险的污染物。新污染物有四大类：一是持久性有机污染物，二是内分泌干扰物，三是抗生素，四是微塑料。这些物质排放到环境中后，被界定为新污染物。

三、生态保护　重大工程

徐州市贾汪区曾是沉降严重的采煤塌陷地，"一城煤灰半城土"，是百姓"心头之患""城市之殇"。近年来，贾汪关闭淘汰高污染工业企业，在全国首创"基本农田整理、采煤塌陷地复垦、生态环境修复、湿地景观开发"四位一体采煤塌陷地治理模式，成为碧波荡漾、水鸟翔集的国家级湿地公园、4A级风景名胜区。2017年12月，党的十九大后，习近平总书记首次到地方考察就来到徐州，对贾汪转型发展实践给予充分肯定，称赞贾汪变"真旺"。

徐州贾汪区的这一改变得益于以壮士断腕的决心开展的治污、减排、生态修复三项工作。生态保护是一项久久为功的重大工程，不仅要"建"，推进以国家公园为主体的自然保护地体系建设，科学开展大规模国土绿化行动；还要"休"，推行草原森林河流湖泊湿地休养生息，实施好长江十年禁渔，健全耕地休耕轮作制度。既要"补"，加快实施重要生态系统保护和修复重大工程，完善生态保护补偿制度；也要"防"，加强生物安全管理，实施生物多样性保护重大工程。

贾汪：从"一城煤灰半城土"到"一城青山半城湖"

科学布局，系统保护山水林田湖草沙。人的命脉在田，田的命脉在水，水的命脉在山，山的命脉在土，土的命脉在林和草，这个生命共同体是人类生存发展的物质基础。生态系统是一个有机生命躯体，必须从系统工程和全局角度寻求治理之道，注重综合治理、系统治理、源头治理；必须坚持保护优先、自然恢复为主，从自然生态系统演替规律和内在机理出发，科学布局全国重要生态系统保护和系统修复工程。近年来，从打造青藏高原生态文明高地、到筑牢祖国北疆绿色生态屏障，从保护"中华水塔"三江源、到涵养"地球之肾"生态湿地，从南岭山地到大兴安岭，从祁连山脉到河西走廊，从塔里木河流域到京津冀水源涵养区……一片片绿色生态保护地、生态安全区正在九百六十万平方公里的大地上铺展开来，挥毫泼墨般书写着"万水千山总是情"。深入系统保护山水林田湖草沙，必须坚持科学绿化、规划引领、因地制宜，走科学、生态、节俭的绿色发展之路；构建以国家公园为主体、自然保护区为基础、各类自然公园为补充的自然保护地体系，还自然原真性和完整性。

 相关链接

国家公园是指由国家批准设立并主导管理，边界清晰，以保护具有国家代表性的大面积自然生态系统为主要目的，实现自然资源科学保护和合理利用的特定陆地或海洋区域。世界自然保护联盟将其定义为大面积自然或近自然区域，用以保护大尺度生态过程以及这一区域的物种和生态系统特征，同时提供与其环境和文化相容的精神的、科学的、教育的、休闲的和游憩的机会。

全国已遴选出 49 个国家公园候选区，2035 年将基本建成全世界最大的国家公园体系，实现生态保护、绿色发展、民生改善相

统一。2021年10月,我国正式设立三江源、大熊猫、东北虎豹、海南热带雨林、武夷山首批5个国家公园。当前,我国首批国家公园生态系统功能持续恢复向好,三江源国家公园实现了长江、黄河、澜沧江三江源头整体保护;大熊猫国家公园保护了70%以上的野生大熊猫,连通了13个大熊猫局域种群生态廊道;东北虎豹国家公园东北虎数量超过50只,东北豹数量超过60只;海南热带雨林国家公园长臂猿种群数量已恢复到6群37只;武夷山国家公园新发现17个新物种……"万物各得其和以生,各得其养以成",中国生态保护的系统工程,正继续久久为功。

三江源国家公园

大熊猫国家公园

东北虎豹国家公园

海南热带雨林国家公园

武夷山国家公园

守住边界，稳定提质护生态。 工业革命以来，人类社会飞速发展，越来越多的人类活动不断触及自然生态的边界和底线。要为自然守住安全边界和底线，全面提升自然生态系统稳定性和生态服务功能，形成人与自然和谐共生的格局。这里既包括有形的边界，也包括无形的边界。必须严守生态保护红线，保证生态功能的系统性和完整性，确保生态功能不降低、面积不减少、性质不改变；严守永久基本农田控制线，确保基本农田面积不减、质量提升、布局稳定；严守城镇开发边界控制线，树立"精明增长""紧凑城市"理念，推动城镇化发展由外延扩张式向内涵提升式转变。比如，新时代十年来，我国中西部地区深入推进退耕还林、退牧还草、流域水环境综合治理等重点生态工程，累计实施退耕还林还草超过1.37亿亩；推进三北防护林、天然林保护等重大生态工程，累计造林约10.2亿亩，国家生态安全屏障得到进一步巩固。

知识卡片

三北防护林工程： 指在中国三北地区（西北、华北和东北）建设的大型人工林业生态工程。中国政府为改善生态环境，于1979年决定将这项工程列为国家经济建设的重要项目。工程建设范围囊括了三北地区13个省（自治区、直辖市）的725个县（旗、区），总面积435.8万平方公里，占中国国土总面积的45%，在国内外享有"绿色长城"的美誉。2011—2020年是三北五期工程建设期。截止2020年底，三北工程累计完成营造林保存面积达3174.29万公顷。

> 典型案例

西藏自治区隆子县
以补偿护民生底线，守一方净土

隆子县属山南市行政辖领，是山南市四个边境县之一，位于西藏自治区南部、喜马拉雅山东段北麓；县城距山南市行政驻地泽当143公里，距拉萨市300公里。隆子县地处青藏高原，海拔高、气候寒冷，森林植被缺乏，土地沙化和水土流失严重，生态环境十分脆弱。改革开放以来，隆子县干部群众继承和发扬"沙棘精神"，着力改善自然环境，着浓生态底色，在隆子河谷植树造林，造就了近5万亩的沙棘林，建立了一条40公里长的绿色长廊，森林覆盖率超过40%，改善了隆子河谷小气候，达到了防风固沙、涵养水源的效果。近年来，隆子县积极发展生产、搞活经济，取得了人与自然、生态与经济和谐发展的巨大成就，得到了党和国家的高度重视和赞扬。2017年10月28日，习近平总书记给西藏隆子县玉麦乡牧民卓嘎、央宗回信，希望姐妹俩继续传承爱国守边的精神，带动更多牧民群众像格桑花一样扎根在雪域边陲，做神圣国土的守护者、幸福家园的建设者。一代又一代隆子人所积累起来的60年绿色成果，如今正作为隆子人的精神和物质财富，越来越多地回报隆子人民。

西藏隆子县加玉乡境内的村庄与农田

建章立制，生态治理现代化。人无信不立，国无法不安。建设生态文明，重在建章立制，要用最严格的制度、最严密的法治保护生态环境。新时代以来，党和国家加快推进生态文明顶层设计和制度体系建设，先后制定和修改环境保护法、环境保护税法、长江保护法、野生动物保护法以及大气、水、土壤污染防治法等法律，相继出台《关于加快推进生态文明建设的意见》《生态文明体制改革总体方案》，对生态保护进行全面系统部署安排。必须实行最严格的生态环境保护制度，全面建立资源高效利用制度，健全生态保护和修复制度，严明生态环境保护责任制度，全面提升生态环境治理能力现代化水平。

 相关链接

2020年5月至2022年6月，第二轮中央生态环境保护督察组分六批完成对31个省（区、市）及新疆生产建设兵团和6家中央企业的督察反馈，同步移交158个责任追究问题。经汇总分析，31个省（区、市）和新疆生产建设兵团对督察移交的135个责任追究问题共追责问责3035人，含厅级干部371人（其中正厅级干部93人），处级干部1244人（其中正处级干部594人）；其中，给予党纪政务处分1509人（涉及厅级干部108人、处级干部576人），诫勉782人（涉及厅级干部108人、处级干部377人），其他处理744人。国务院国资委和6家中央企业对督察移交的23个责任追究问题共追责问责336人；其中，给予党纪政务处分183人，诫勉63人，其他处理90人。

绿色自觉，生态文明尚力行。"不违农时，谷不可胜食也；数罟不入洿池，鱼鳖不可胜食也；斧斤以时入山林，材木不可胜用也。"中华传统文化体现了中华民族尊重自然、热爱自然的民族天性，是培育生态文化、生态道德、生态价值的不竭源泉。倡导绿色生活方式，鼓励绿色低碳消费，建设美丽中国，不仅是中国人刻在骨子里、流淌在血液里的文化自觉，也是新时代全体人民的共同事业。孤举者难起，众行者易趋。保护生态环境是全球面临的共同挑战与责任，人类是一荣俱荣、一损俱损的命运共同体，唯有唤起全世界人民的行动自觉，才能减少生态破坏，开启人类高质量发展的新征程。

学习在线

每个人都是生态环境的保护者、建设者、受益者，没有哪个人是旁观者、局外人、批评家，谁也不能只说不做、置身事外。

——2018年5月18日，习近平总书记在全国生态环境保护大会上的讲话

相关链接

截至2022年底，江苏城市（县城）绿地面积总量3633.75平方公里，绿化覆盖面积总量4065.48平方公里，分别较上一年度新增60.76平方公里和93.13平方公里。同时，江苏拥有国家生态园林城市9个，数量全国第一。公园数量达1711个，绿道超8000公里。

四、"双碳"行动　深刻变革

在湖北孝感有这样一个"零碳村"，家家户户的屋顶上铺满了光伏发电板，一座集"风、光、储、充"于一体的新能源汽车充电站建成在村委会门口，3台垂直轴风力发电机伫立村中，夜幕下100盏光伏路灯次

第亮起,照亮了这片祥和宁静的绿色村落。这个"零碳"小乡村叫作红畈村,村民们零碳革新的生产生活,正是如今中国"双碳"行动深刻变革的一个范例。近年来,从长江干流6座巨型梯级水电站"连珠成串",建成世界上最大的清洁能源走廊,到亚洲最大火电二氧化碳捕集利用与封存(CCUS)项目在江苏泰州正式投产,再到全球首台超大容量16兆瓦海上风电机组在福建海域成功安装……从工厂到乡村,从生产到生活,中国的"双碳"行动正在绘制一幅人类生态文明的巨变图景。

江苏泰州电厂二氧化碳捕集利用与封存（CCUS）项目

2020年9月,习近平主席向世界郑重宣告,中国"将提高国家自主贡献力度,采取更加有力的政策和措施,二氧化碳排放力争于2030年前达到峰值,努力争取2060年前实现碳中和"。实现碳达峰碳中和是我国向世界作出的庄严承诺,既彰显了中国作为负责任大国的历史担当,也表达了中国高质量发展的内在要求。党的二十大报告明确了2035年我国发展的总体目标,其中之一是"广泛形成绿色生产生活方式,碳排放达峰后稳中有降,生态环境根本好转,美丽中国目标基本实现";同时对"积极稳妥推进碳达峰碳中和"作出进一步要求与部署。党的二十大报告指出:"实现碳达峰碳中和是一场广泛而深刻的经济社会系统性变革。""双碳"目标下的绿色变革,展现着中国式现代化的鲜明底色。

> 🔗 **相关链接**
>
> 进入新时代以来，中国扎实推进能源消费向绿色低碳转变，生产和生活领域能效大幅提升。2022年，我国能源消费总量比2012年增加13.9亿吨标准煤，用3.0%的年均增速支撑了6.2%的年均经济增长。与此同时，2022年，全国单位GDP二氧化碳排放量相比2012年下降了40.1%，能源消费总量得到合理控制，清洁低碳高效水平得到提升。2022年，我国非化石能源占比相比2012年提高7.8%，能源消费结构逐步优化。2022年，我国单位GDP能耗比2012年下降40%，能源利用效率稳步提升。

抓铁有痕，硬仗从不败英雄。 2030年前实现碳达峰、2060年前实现碳中和，这意味着中国作为世界上最大的发展中国家，将完成全球最高碳排放强度降幅，用全球历史上最短的时间实现从碳达峰到碳中和。这是一场无以言说的硬仗。工业革命以来，西方资本主义飞速发展，创造了前所未有的物质财富，也带来了触目惊心的生态破坏，人类社会陷入生存发展的严峻危机。今天的世界需要中国，而中国也以"一诺千钧，言出必行"的承诺与行动，打响这场"双碳"硬仗。2022年1月，习近平总书记在主持十九届中央政治局第三十六次集体学习时强调："实现'双碳'目标，不是别人让我们做，而是我们自己必须要做。"今天的中国，正以抓铁有痕的劲头，在绿色发展中不断兑现"双碳"承诺，让良好生态成为人类文明发展的不竭源头。

1972年，罗马俱乐部发布报告《增长的极限》，敲响了人们沉迷"资本主义繁荣盛况"、过度消耗地球资源的生存警钟

先立后破，自主"双碳"踏雄歌。"双碳"目标是确定不移的，但达到这一目标的路径和方式、节奏和力度则应该而且必须由我们自己作主，而不是被他人左右。从我国首个海上碳封存示范工程，到全国最长的二氧化碳输送管道；从建成全球最大的清洁能源系统，新能源汽车产销量稳居世界第一，到在国家层面创建绿色工厂3616家、绿色工业园区267家、绿色供应链管理企业403家……这些看得见的"双碳"绿色变革，离不开"双碳"工作和绿色发展的顶层设计与自主行动。新征程上，必须坚持全国统筹、节约优先、双轮驱动、内外畅通、防范风险的原则，增加碳吸收、减少碳使用、加强碳转换、控制碳排放，处理好发展和减排、整体和局部、长远目标和短期目标、政府和市场等关系，积极稳妥推进碳达峰碳中和。

相关链接

自作出"双碳"承诺以来，党中央、国务院印发《关于完整准确全面贯彻新发展理念做好碳达峰碳中和工作的意见》，国务院发布《2030年前碳达峰行动方案》，为实现"双碳"目标作出顶层设计，明确了时间表、路线图、施工图。

命运共生，全球治理展担当。地球是我们的共同家园，建设美丽家园是人类的共同梦想。面对生态环境挑战，人类是一荣俱荣、一损俱损的命运共同体，没有哪个国家能独善其身。从深入阐述"人与自然生命共同体"，到倡议"共同构建地球生命共同体"，习近平总书记提出的人类命运共同体理念在生态环境领域延展开来，为人类文明永续发展进步指明方向。在"双碳"行动中，中国作为负责任大国，始终面向人类未来，展现着中国担当，绿色"一带一路"造福各国人民、惠及全人类。在肯尼亚加里萨郡，中企承建东非最大光伏电站，不排放温室气体又缓解肯尼亚"电荒"；中国的节水梯田模式"拷贝"到埃及，在西奈半岛山区涵养水源；非洲"绿色长城"有中国技术支持，阻止撒哈拉沙漠南侵……中国智慧和中国方案，为全球生态环境治理注入信心和动力。

相关链接

2021年10月12日，《生物多样性公约》第十五次缔约方大会第一阶段会议在昆明召开，习近平主席以视频方式发出了"共同构建地球生命共同体"的倡议，呼吁"为了我们共同的未来，我们要携手同行，开启人类高质量发展新征程"。

延伸阅读

① 习近平：《论坚持人与自然和谐共生》，中央文献出版社2022年版。

② 《习近平生态文明思想学习纲要》，学习出版社、人民出版社2022年版。

第九章 统筹兼顾系统抓
整体推进中国式现代化

　　万物得其本者生,百事得其道者成。中国式现代化是一项伟大而艰巨的事业,是强国建设、民族复兴的唯一正确道路。同时,推进中国式现代化也是一个系统工程,需要统筹兼顾、系统谋划、整体推进,正确处理好顶层设计与实践探索、战略与策略、守正与创新、效率与公平、活力与秩序、自立自强与对外开放等一系列重大关系。这六组重大关系,既辩证统一又一脉相承,既着眼长远又脚踏实地,充分体现了马克思主义唯物辩证的思想方法,是我们党对推进中国式现代化认识的进一步深化。

一、顶层设计与实践探索

推进中国式现代化首先要正确处理顶层设计与实践探索的关系。顶层设计原来是工程学概念，后来将其引入政治术语中，指的是自顶而下的设计，也就是先设计总体，再设计局部，最后设计细节。与顶层设计相对的是自下而上的实践探索，主要是指通过基层试点进行的局部的阶段性改革。顶层设计与实践探索两者是辩证统一的。

推进中国式现代化需要顶层设计。中国式现代化是分阶段、分领域推进的，实现各阶段发展目标、落实各领域发展战略，离不开顶层设计。党的十八大以来，以习近平同志为核心的党中央深刻洞察世界发展大势，准确把握人民群众的共同愿望，深入探索经济社会发展规律，对事关发展全局的重要领域进行系统谋划和顶层设计，推动党和国家事业取得历史性成就、发生历史性变革。当前，无论是实现"双碳"目标、走好绿色发展之路，还是突破"卡脖子"技术、实现高水平自立自强；无论是持续保障和改善民生、扎实推动共同富裕，还是推动文化发展、建设文化强国，都涉及政府、企业、居民等多元主体，都呼唤城乡、地区、行业间协同配合。这就需要进一步进行顶层设计，做好系统谋划。

推进中国式现代化需要实践探索。推进中国式现代化是一个探索性事业，还有许多未知领域，需要始终鼓励基层自发探索、发挥群众首创

精神。习近平总书记强调："治理这样一个国家很不容易，必须登高望远，同时必须脚踏实地。"新时代十年来的实践也表明，改革创新最大的活力蕴藏在基层和群

众中间。例如，"商事制度改革"提升企业开办便利度，激发了经营主体的活力潜力；上海自贸试验区敢为人先，大批制度创新成果向全国复制推广；"河长制""湖长制"让每一条河流、每一个湖泊都得到珍惜保护，以小切口撬动生态文明建设大棋局；等等。不仅如此，全国各地结合具体实际大胆探索、敢为人先，寻求有效解决新矛盾新问题的思路和办法，努力创造可复制、可推广的新鲜经验。

典型案例

宿迁市商事制度改革工作获得国务院督查激励

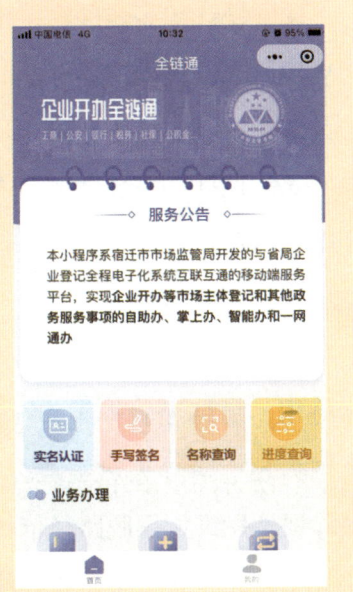

2022年6月9日，国务院办公厅公布《关于对2021年落实有关重大政策措施真抓实干成效明显地方予以督查激励的通报》（国办发〔2022〕21号），对2021年落实打好三大攻坚战、深化"放管服"改革优化营商环境、推动创新驱动发展、扩大内需、实施乡村振兴战略、保障和改善民生等有关重大政策措施真抓实干、取得明显成效的199个地方予以督查激励，相应采取30项激励支持措施。江苏获得多项表彰激励，宿迁市因深化商事制度改革成效突出，入选推进企业登记注册便利化、深化"双随机、一公开"监管和信用监管、落实公平竞争审查制度等深化商事制度改革成效明显的地方，是江苏唯一获此表彰的地市。2022年将获得优先选择为企业登记注册便利化改革、

> 企业年度报告制度改革、企业信用监管、智慧监管、重点领域监管、公平竞争审查等试点地区，优先授予外商投资企业登记注册权限，优先支持创建网络市场监管与服务示范区，优先支持建设公益广告创新研究基地的激励支持。
>
> 近年来，宿迁市坚持宽进与严管、线上与线下、制度与技术统筹发力，先后承接全国企业开办全程网上办改革、全国网络市场监管与服务示范区创建、全省"双随机、一公开"多类别检查对象库建设等一批国家和省级试点，为全省商事制度改革积累了经验、提供了范例。

顶层设计和实践探索是辩证统一的。中国是一个超大规模国家，惟其规模巨大，更需整体层面的战略谋划；惟其国情复杂，更需具体落实的灵活创新。在推进中国式现代化的新征程上，一方面，要加强政策体系的谋划设计。综合考虑国内外发展趋势和我国发展条件，更好发挥国家中长期发展规划的战略导向作用，全面系统、有针对性地对经济社会发展作出统筹谋划和具体安排，努力做到远近结合、上下贯通、内容协调。在加强顶层设计时，不能脱离基本国情和实践需要，要做好实际应用、总结经验等工作。只有立足基层实践的顶层设计，才能扎根中国大地、指导火热实践。另一方面，要大胆探索、敢为人先。努力破除惯性思维、摆脱路径依赖，打开工作思路，敢啃硬骨头、善开顶风船，着力破解深层次矛盾和问题，寻求有效解决新矛盾新问题的思路和办法。在进行实践探索时，不能一叶障目、迷失方向，要做好战略谋划、制度建设等工作。只有契合顶层设计的实践探索，才能更好形成合力、服务全局。必须通过试点示范加强探索实践，通过事中事后监管防范化解风险，通过绩效评估提升政策效能，注重在关键点发力、紧要处突破，积小胜为大胜、积跬步以至千里。

二、战略与策略

战略和策略是辩证统一的关系，战略是从全局、长远、大势上作出判断和决策，策略是在战略指导下为战略服务的，正确的战略需要正确的策略来落实。正确运用战略策略是我们党创造辉煌历史、成就千秋伟业、战胜各种风险挑战、不断从胜利走向胜利的成功秘诀。新时代推进中国式现代化必须把这一成功秘诀总结好、运用好。

> **知识卡片**
>
> **战略（strategy）**：在西方，"strategy"一词源于希腊语"strategos"，意为军事将领、地方行政长官。后来演变成军事术语，指军事将领指挥军队作战的谋略。也就是说，"战略"在西方语境中带有"军事色彩"或"霸权图谋"等意义。
>
> 在中国，"战略"一词历史久远，"战"指战争，"略"指"谋略"。战略，是一种从全局考虑谋划实现全局目标的规划，往往规划战略、制定战略、用于实现战略目标的时间是比较长的。"战略"在中国语境下具有"牺牲部分"或"追求长远"等内涵。

战略问题是一个政党、一个国家的根本性问题。 凡事预则立，不预则废。站在时代前沿观察思考问题，把谋事和谋势、谋当下和谋未来统一起来，对趋势性问题具有前瞻性和预见性，才能未雨绸缪、提前谋划、牢牢把握战略主动权。党的十八大以来，我们党正是基于战略上的前瞻性思考，提出高质量发展引领经济转型升级，提出科技自立自强破解"卡脖子"问题，提出构建新发展格局应对外部环境变化，才使我国在面对不确定性因素时总能收放自如、应对裕如。从锲而不舍打赢脱贫攻坚战，到持之以恒建设美丽中国，再到不断完善区域协调发展战略……保持战略定力和耐心、坚持一张蓝图绘到底，是各项战略取得实际成效的重要原因。

> **学习在线**
>
> 战略问题是一个政党、一个国家的根本性问题。战略上判断得准确，战略上谋划得科学，战略上赢得主动，党和人民事业就大有希望。一百年来，党总是能够在重大历史关头从战略上认识、分析、判断面临的重大历史课题，制定正确的政治战略策略，这是党战胜无数风险挑战、不断从胜利走向胜利的有力保证。
>
> ——2022年1月11日，习近平总书记在省部级主要领导干部学习贯彻党的十九届六中全会精神专题研讨班上的讲话

正确的战略需要正确的策略来落实。策略是战略实施的科学方法。要取得各方面斗争的胜利，我们不仅要有战略谋划，有坚定意志，还要有策略、有智慧、有方法。应该看到，实施战略的环境条件随时都在发生变化，每时每刻都会遇到新情况新问题。这就需要既恪守战略的原则性，也善于把握策略的灵活性，随机应变、临机决断，因地制宜、因势而动、顺势而为，以创造性贯彻落实赢得主动、赢得优势、赢得未来。

战略与策略是辩证统一的。在推进中国式现代化的新征程上，一方面，必须增强战略思维能力。提高政治站位，树立世界眼光，强化全局观念，贯通历史、现实和未来，从战略上统筹谋划经济、政治、文化、社会、生态等各方面工作，既在战略上布好局，也在关键处落好子。另一方面，必须把战略的原则性和策略的灵活性有机结合起来。在准确判断和把握国内外形势变化的基础上，灵活运用好策略方法，找准工作切入点，细化落实举措，做到紧密对接战略、有力支撑战略、高效落

实战略。

三、守正与创新

知常明变者赢，守正创新者进。守正创新，既与中华民族几千年来恪守正道、革故鼎新的文化传统相承袭，又与我们党一贯坚持的解放思想、实事求是、与时俱进、求真务实的品格相贯通。中国式现代化的探索就是一个在继承中发展、在守正中创新的历史过程。在推进中国式现代化这项前无古人的开创性事业中，我们必须处理好守正与创新的关系，在守正中把稳舵盘、保持航向，在创新中寻求突破、扬帆远航。

2023年7月28日，由中华全国总工会、中共北京市委、北京市人民政府共同主办的第二届大国工匠创新交流大会暨大国工匠论坛在北京展览馆开幕

推进中国式现代化需守正。确保不迷失方向、不犯颠覆性错误。方向决定道路，道路决定命运。党的十八大以来，以习近平同志为核心的党中央在立场、方向、原则、道路等根本性问题上旗帜鲜明、毫不含糊，着力正本清源，确保了中国特色社会主义事业道不变、志不改。在推进中国式现代化的伟大征程中，我们守好了

2018年5月5日，"真理的力量——纪念马克思诞辰200周年主题展览"在北京中国国家博物馆开幕。展览全景式展示了马克思的生平、革命实践、理论贡献和精神境界，展现了马克思主义在中国传播运用和丰富发展的光辉历程

中国式现代化的本和源、根和魂,毫不动摇坚持中国式现代化的中国特色、本质要求、重大原则,坚持党的基本理论、基本路线、基本方略,确保中国式现代化的正确方向。

推进中国式现代化需创新。确保把握时代、引领时代。实践没有止境,变化永不停息。新时代以来,面对世界百年未有之大变局和国内经济社会发展新形势新任务新要求,我们党积极识变应变求变,从深化党和国家机构改革、党和国家机构职能实现系统性整体性重构,到在科研领域实行"揭榜挂帅"制度、激发科技创新活力,再到建设全国统一大市场、更好促进国内大循环……一系列改革在坚持正确方向的前提下推进实践创新、制度创新,极大增强了社会活力和创造力。特别是在创新型国家建设方面硕果累累、成效显著,坚持基础理论创新与技术创新并重,不断完善科技创新体制机制,大力培育创新文化,让创新在全社会蔚然成风。发挥新型举国体制优势,逐步完善科技创新法规政策,采用"揭榜挂帅""赛马"等新机制,为破解科技、经济"两张皮"探索出了新路径。"嫦娥"探月、"天问"探火、"羲和"探日、中国空间站等一批重大科技成果持续涌现。

知识卡片

"揭榜挂帅":建立以需求为牵引、以能够解决问题为评价标准的新机制,让有能力、有担当的团队承担关键核心技术攻关等重点任务。该方式在"悬榜""评榜""揭榜"过程中,打破繁文缛节、条条框框,破除科研"小圈子"和论资排辈,在给予揭榜者充分信任和授权的同时,明确目标责任,强化问责考核,体现"奖优罚劣""问责问效"。

> **"赛马"**：探索"揭榜挂帅"机制、优化核心技术攻关体制中的新型项目组织方式。该方式在项目立项时，择优选择多家主体并行攻关，过程中进行阶段性考核、竞争性淘汰，让真正有能力、干得好的主体脱颖而出，提高攻关的质量和效率。

守正与创新相辅相成。 体现了变与不变、继承与发展、原则性与创造性的辩证统一。在推进中国式现代化的新征程上，一方面，要着力固本培元。始终高扬理想信念的旗帜，始终坚持马克思主义基本原理不动摇、坚持党的全面领导不动摇、坚持中国特色社会主义不动摇。另一方面，要把创新摆在国家发展全局的突出位置，顺应时代发展要求，着眼于解决重大理论和实践问题，积极识变应变求变，大力推进理论创新、实践创新、制度创新、文化创新以及其他各方面创新，不断开辟发展新领域新赛道，塑造发展新动能新优势，让创新在全社会蔚然成风。

四、效率与公平

在社会主义市场经济条件下，效率与公平两者辩证统一。效率关注如何通过提高生产效率、优化经济结构来"做大蛋糕"，提升资源配置的有效性。公平关注如何从规则公平、机会公平、结果公平等维度来"分好蛋糕"，保障社会分配的价值性。只有处理好效率与公平的关系，在"做大蛋糕"的同时"分好蛋糕"，才能让现代化建设成果更多更公平惠及全体人民。

> 🛡 **学习在线**
>
> 既要创造比资本主义更高的效率，又要更有效地维护社会公平，更好实现效率与公平相兼顾、相促进、相统一。
>
> ——2023年2月7日，习近平总书记在学习贯彻党的二十大精神研讨班开班式上的讲话

效率是实现公平的重要基础。 考察人类社会进步的历史，无论什么样的制度，没有一定的效率，就没有一定的物质基础，任何形式的公平都是不可能建立起来的。我国社会主义建设的实践也表明，贫穷不是社会主义，发展是解决我国一切问题的基础和关键。也正是因为坚持创造更高的效率，我们党领导人民创造了经济快速发展奇迹。党的十八大以来，我们党不断创新和完善宏观治理体系，经济发展的质量水平不断提高。以供给侧结构性改革提高供给体系质量和效率，以深入推进简政放权激发市场活力，以大力减税降费为企业纾困解难，等等一系列改革举措，都极大提升了经济社会发展的效率。新时代十年，我国经济总量迈上新台阶。我国经济年均增长6.2%，增速大大高于世界经济3.0%的平均增速。

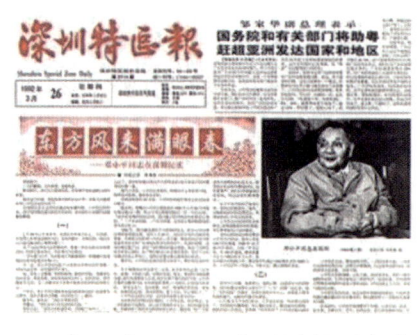

1992年3月26日，《深圳特区报》率先发表《东方风来满眼春——邓小平同志在深圳纪实》

公平是提升效率的有力支撑。 公平是社会主义社会的重要特征。邓小平在1992年南方谈话中就曾指出，社会主义的本质是解放生产力，发展生产力，消灭剥削，消除两极分化，最终达到共同富裕。党的二十大报告中更进一步强调，中国式现代化其中一个重要的特征是全体人民共同富裕

的现代化。这些论断都表明，贫富悬殊、两极分化不是社会主义，我们追求的发展是造福人民的发展，我们追求的富裕是全体人民共同富裕。党的十八大以来，以习近平同志为核心的党中央深刻认识把握发展规律，推动民生福祉更加公平普惠。全国居民人均可支配收入年均实际增长6.2%，与经济增长基本同步，形成超4亿人口的世界最大规模中等收入群体。公共服务全方位普及，建成世界上规模最大的教育体系、社会保障体系和医疗卫生体系，劳动年龄人口平均受教育年限达到10.93年，基本养老保险覆盖10.5亿人，基本医疗保险参保率稳定在95%以上，人民群众的获得感、幸福感、安全感不断增强。

🚩 学习在线

> 公平正义是我们党追求的一个非常崇高的价值，全心全意为人民服务的宗旨决定了我们必须追求公平正义，保护人民权益、伸张正义。全面依法治国，必须紧紧围绕保障和促进社会公平正义来进行。
> ——2015年2月2日，习近平总书记在省部级主要领导干部学习贯彻党的十八届四中全会精神全面推进依法治国专题研讨班上的讲话

公平和效率两者辩证统一。公平要建立在效率的基础上，效率也要以公平为前提才得以持续。在推进中国式现代化的新征程上，一方面，要更加注重提升效率，充分发挥市场在资源配置中的决定性作用，更好发挥政府作用，构建全国统一大市场，持续优化劳动、资本、土地、资源等生产要素配置，着力提高全要素生产率，推动经济平稳健康可持续

发展。另一方面，要更加注重促进公平，加快建立以权利公平、机会公平、规则公平为主要内容的社会公平保障体系，保证人民平等参与、平等发展权利，提高基本公共服务均等化水平，增强均衡性和可及性，扎实推进共同富裕不断取得新进展。

五、活力与秩序

活力与秩序的关系，是各国在推进现代化进程中需要处理好的难题。活力与秩序两者辩证统一、相辅相成。习近平总书记深刻指出："社会治理是一门科学，管得太死，一潭死水不行；管得太松，波涛汹涌也不行。"社会发展需要充满活力，但又必须是有序的。一个现代化的社会，应该既充满活力又拥有良好秩序，呈现出活力和秩序有机统一。推进中国式现代化应当实现、能够实现活而不乱、活跃有序的动态平衡。

经济社会发展要以活力来推动。 中国式现代化必须保持活力，才能推进党和国家各方面事业蓬勃发展，推进全面建设社会主义现代化国家，进而以中国式现代化全面推进中华民族伟大复兴。新时代以来，我国经济社会发展活力持续增强，资源配置效率不断提高，国有经济功能定位、布局方向、调整机制更加明确，民营经济不断发展壮大，民营企业产权和企业家权益得到更好保护。为了让经济社会发展永葆生机活力，我们不断深化各方面的体制机制改革，充分释放全社会创造潜能，鼓励科学家、企业家、艺术家等各方面人才特别是青年人才创新创造；采取切实有效措施解决不愿担当、不敢担当、不善担当等问题，充分调动广大党员干部干事创业的积极性；形成劳动创造财富、实干创造业绩、奋斗创造幸福的正确导向，充分激发全社会创造活力。

"创新创业在海安"和"两院专家走进海安"主题活动是海安市一年一度最隆重的科技人才盛会,自2014年以来已连续举办了10年,成为海安市招才引智和产学研合作的重要载体和创新名片,吸引了大批优秀科技人才来海安交流合作

持续推进中国式现代化必须要有良好的秩序。世界现代化历程的一般规律表明,一个国家在从传统社会向现代社会转变的过程中,往往都要经历一个社会矛盾和风险的高发期。新时代以来,我国安全发展基础进一步夯实,粮食安全保障力度加大,严格耕地保护和粮食安全责任制考核,强化藏粮于地、藏粮于技,牢牢守住十八亿亩耕地红线,农业综合生产能力稳步提升。能源供应保持稳定,推动构建煤、油、气、核及可再生能源多轮驱动的能源供应保障体系,能源安全保障根基进一步筑牢。产业链供应链韧性不断提升,压茬推进关键核心技术攻关,强化重大创新成果迭代应用,重点产业链自主可控水平稳步提升。数据安全能力建设不断推进,数据安全标准化体系建设日趋完善。

典型案例

盐城:
全力打造民营经济高质量发展新高地

2023年11月1日,盐城市迎来首个"盐城企业家日",以城市的名义致敬企业家。为弘扬企业家精神、提振企业家发展信心、激发企业家创新创业热情,当日,盐城召开全市民营经

济发展大会。

盐城市民营经济经历了一个从无到有、从小变大、从弱变强的过程。截至2022年底，盐城市民营企业已突破22万家，民营经济增加值占地区生产总值比重超过六成，贡献了六成的进出口、七成的全社会投资和八成的企业研发投入。2022年，盐城全市新增6家开票销售超百亿元企业，其中民营企业就有5家；全市十强工业企业中，民营企业占7席。

2023年上半年，盐城市委、市政府接连召开民营企业家座谈会、茶叙会、沙龙，主要领导与企业家打开心扉，畅聊经济发展。前有面对面座谈，后有"盐城企业家日"，高频率、高规格的活动，充分体现盐城始终把发展壮大民营经济摆在突出位置，坚定不移、毫不动摇支持民营经济高质量发展。

会上，还发布了盐城市促进民营经济高质量发展20条措施，从营造公平竞争环境、加大要素保障力度、强化助企惠企服务、加强企业法治保障、构建亲清政商关系方面，促进民营企业做强做优做大，全力打造民营经济高质量发展新高地。

当日，盐城市委、市政府授予30名企业家"盐城市优秀民营企业家"称号。

协调处理活力与秩序的关系。 在推进中国式现代化过程中，我们要寓活力于秩序之中，建秩序于活力之上，实现社会有序运行与社会活力迸发相统一、相协调，确保人民安居乐业、社会安定有序、国家长治久安。

一方面，要推动有效市场和有为政府更好结合，推进高标准市场体系建设，完善市场经济基础制度，在产权保护、市场准入、公平竞争、社会信用等领域强化制度建设和监管。另一方面，要以新安全格局保障新发展格局，统筹发展和安全，贯彻总体国家安全观，健全国家安全体系，提高公共安全治理水平，提升社会治理效率。

六、自立自强与对外开放

唯物辩证法告诉我们，事物的发展是内外因共同起作用的结果，内因是事物变化发展的根据，外因是事物变化发展的条件，外因通过内因起作用。这就启示我们，推进经济社会发展要正确处理好自立自强与对外开放的关系，既要坚持独立自主、自立自强，也要坚持不断扩大高水平对外开放，在自主中谋求发展、在开放中坚持自主。只有这样，才能走好自己的路、办好自己的事，在中国与世界各国良性互动、互利共赢中推进中国式现代化事业。

自立自强是我们党立党立国的重要原则。自强不息是中华民族自古以来的优秀品格。中国人民和中华民族从近代以后的沉重苦难走向伟大复兴的光明前景，从来就没有教科书，更没有现成答案。新时代以来，正是因为我们坚持独立自主、自力更生，在实现高水平自立自强上

迈出坚实步伐，才能够"任凭风浪起，稳坐钓鱼台"，成功应对外部环境变化和各种外部冲击。譬如，我们矢志攻克关键领域核心技术，努力破解"卡脖子"难题；发展数字经济、人工智能，抢占了未来先机；构建全国统一大市场，为畅通国内大循环奠定了基础。

推进中国式现代化需要不断扩大高水平对外开放。开放带来进步，封闭必然落后。对外开放是中国的基本国策，任何时候都不会动摇。过去中国经济发展是在开放条件下取得的，未来中国经济实现高质量发展也必须在更加开放的条件下进行。近年来，单边主义、保护主义、孤立主义上升，世界经济低迷，国际贸易和投资大幅萎缩，给人类生产生活带来前所未有的挑战和考验。但世界绝不会退回到相互封闭、彼此分割的状态，开放合作仍然是历史潮流，互利共赢依然是人心所向。我们决不能为逆风和回头浪所阻，要敢于到世界市场的汪洋大海中去游泳，经风雨、见世面。扩大对外开放，我们有坚定决心、鲜明态度，更有务实行动、扎实举措。

学习在线

面对经济全球化大势，像鸵鸟一样把头埋在沙里假装视而不见，或像堂吉诃德一样挥舞长矛加以抵制，都违背了历史规律。
——2020年9月22日，习近平主席在第七十五届联合国大会一般性辩论上的讲话

处理好自立自强与对外开放的关系。需要把握好中与西、内与外之间的内在张力。在推进中国式现代化过程中，一方面，必须加快构建新发展格局，健全新型举国体制，继续抓好关键核心技术攻关，强化国家战略科技力量，在各种可以预见和难以预见的狂风暴雨、惊涛骇浪中增

强我国的生存力、竞争力、发展力、持续力。另一方面，必须不断扩大高水平对外开放，深度参与全球产业分工和合作，推动共建"一带一路"高质量发展，维护多元稳定的国际经济格局和经贸关系，用好国内国际两种资源，拓展中国式现代化的发展空间，以中国式现代化为世界提供更多机遇，为人类进步作出更大贡献。

延伸阅读

① 习近平：《推进中国式现代化需要处理好若干重大关系》，《求是》2023年第19期。

② 《习近平新时代中国特色社会主义思想的世界观和方法论专题摘编》，党建读物出版社、中央文献出版社2023年版。

第十章 踏平坎坷成大道

推进中国式现代化必须进行伟大斗争

　　以中国式现代化全面推进中华民族伟大复兴,是一项伟大而艰巨的事业,绝不是轻轻松松、敲锣打鼓就能实现的。不经一番寒彻骨,怎得梅花扑鼻香。不经伟大斗争,怎能实现伟大梦想。习近平总书记指出:"党和人民取得的一切成就,不是天上掉下来的,不是别人恩赐的,而是通过不断斗争取得的。"新时代筑梦路上,我们必须坚定信心、锐意进取,以"踏平坎坷成大道,斗罢艰险又出发"的顽强意志,全力战胜各种困难和挑战,推进中国式现代化行稳致远。

一、战略清醒明方向

"坚持发扬斗争精神"是推进中国式现代化征程上必须牢牢把握的重大原则。战略上的清醒源自理论上的坚定。保持战略清醒,需要从重大意义、科学内涵和实践要求等方面理解伟大斗争,明确斗争方向,增强斗争自觉,依靠顽强斗争打开事业发展新天地。

充分认识伟大斗争的重大意义。推进伟大斗争可以激发强大精神力量。一百多年来,在应对各种困难挑战中,我们党锤炼了不畏强敌、不惧风险、敢于斗争、勇于胜利的风骨和品质。党的二十大报告提出要统揽伟大斗争、伟大工程、伟大事业、伟大梦想。"四个伟大"作为一个完整的体系,是重大的理论创新。伟大斗争居于"四个伟大"之首,是统揽"四个伟大"的前提,具有十分重要的意义。推进伟大斗争是防范化解风险挑战的必然选择。当前,中国发展进入战略机遇和风险挑战并存的时期,各种"黑天鹅""灰犀牛"事件随时可能发生。在风险挑战面前,任何贪图享受、消极懈怠、回避矛盾的思想和行为都是错误的。唯有不避矛盾、主动迎战,才有出路。

> **相关链接**
>
> 20世纪60年代初,我国国民经济遭遇严重困难,又逢中苏关系恶化,一些西方国家也趁机掀起反华大合唱。面对严峻复杂的国内外形势,毛泽东写下"独有英雄驱虎豹,更无豪杰怕熊罴""要扫除一切害人虫,全无敌"等诗句,同时指导编辑《不怕鬼的故事》,展示大无畏的斗争精神,稳定了经济社会发展大局。历史证明,以斗争求安全则安全存,以妥协求安全则安全亡;以斗争谋发展则发展兴,以妥协谋发展则发展衰。

> **知识卡片**
>
> **"黑天鹅"事件**：指难以预测，但突然发生时会引起连锁反应、带来巨大负面影响的小概率事件。它存在于自然、经济、政治等各个领域，具有发生概率很小、高度不可预测性、一旦发生会带来严重后果等特征。"黑天鹅"事件虽然属于偶然事件，但如果处理不好就会导致系统性风险，产生严重后果。
>
> **"灰犀牛"事件**：指明显的、高概率的却又屡屡被人忽视、最终有可能酿成大危机的事件。此类事件在社会各个领域都会出现，发酵之前往往不被重视，或者被当作一种正常的现象，以致错失了最好的处理或控制风险的时机，最后可能导致极其严重的后果。

全面理解伟大斗争的科学内涵。伟大斗争蕴含马克思主义哲学原理。历史唯物主义告诉我们，矛盾无处不在、无时不在，没有矛盾就没有世界。矛盾具有同一性和斗争性两种基本属性，同一性是有条件的、相对的，而斗争性则是无条件的、绝对的。在中国革命、建设和改革历程中，中国共产党领导人民旗帜鲜明地同各种反动势力和错误思潮进行了理论、政治、经济、军事等多种形式的斗争。特别是党的十八大以来，面对新时代世情国情党情的深刻变化，习近平总书记提出"实现伟大梦想，必须进行伟大斗争""必须准备进行具有许多新的历史特点的伟大斗争""务必敢于斗争、善于斗争"等重大论断，赋予伟大斗争新的时代内涵。

> **相关链接**
>
> 不要忘了中国共产党是什么、要干什么这个根本问题，不要在日益复杂的斗争中迷失了自我、迷失了方向。历史经验告诉我们，

一个政党、一个国家、一支队伍，如果失去了斗争意志，是非常可怕的，离危亡也就不远了。要练就草摇叶响知鹿过、松风一起知虎来、一叶易色而知天下秋的见微知著能力，对潜在风险作出科学预判。

准确把握伟大斗争的实践要求。 伟大斗争不能只停留于口头，必须落实到行动上。习近平总书记指出："古人说：'生于忧患，死于安乐。'我们党作为世界第一大党，没有什么外力能够打倒我们，能够打倒我们的只有我们自己。"党的二十大报告深刻指出我国发展还面临"发展不平衡不充分问题仍然突出""群众在就业、教育、医疗、托育、养老、住房等方面面临不少难题""形式主义、官僚主义现象仍较突出""铲除腐败滋生土壤任务依然艰巨"等困难。这警醒我们，把握伟大斗争的实践要求，必须牢记初心使命，增强忧患意识，注重斗争策略，从人民群众中汲取无穷的力量，在推进伟大斗争中取得胜利，自如应对前进道路上的一切风险挑战。

知识卡片

"三个务必"：务必不忘初心、牢记使命，务必谦虚谨慎、艰苦奋斗，务必敢于斗争、善于斗争。"三个务必"与毛泽东七十多年前提出的"两个务必"既一脉相承又与时俱进，体现了我们党一以贯之加强作风建设、弘扬光荣传统和优良作风的鲜明立场，体现了新时代坚持和发展中国特色社会主义对党员干部的新要求。

二、战略自信固底气

自信是迈向成功之路的第一步。没有信心或信心不足就会缺乏战略定力，导致行动上犹豫不决、陷入被动。习近平总书记指出："当今世界，要说哪个政党、哪个国家、哪个民族能够自信的话，那中国共产党、中华人民共和国、中华民族是最有理由自信的。"高度的战略自信来自科学理论的指引、党的坚强领导和中国特色社会主义制度的显著优势，这是进行伟大斗争、顺利推进中国式现代化的最大底气。

科学理论引领前进方向。领导我们事业的核心力量是中国共产党，指导我们思想的理论基础是马克思列宁主义。实践如果不以科学理论为指导，就会变成盲目的实践。十月革命一声炮响，给中国送来了马克思列宁主义。中国人民接受了马克思主义，精神上才由被动转为主动。自从有了中国共产党，中国革命的面貌焕然一新。在马克思主义指导下，中国共产党团结带领全国各族人民自力更生、艰苦奋斗，创造了一个又一个人间奇迹，中国人民的前途命运发生了根本的改变，中华民族迎来了实现伟大复兴的光明前景。党的十八大以来，习近平总书记以巨大的理论勇气和强烈的使命担当，把马克思主义基本原理同中国具体实际相结合、同中华优秀传统文化相结合，创立了习近平新时代中国特色社会主义思想，开辟了马克思主义中国化时代化新境界。新时代十年的伟大变革是伟大斗争的结果，彰显了中国化时代化马克思主义的强大生命力。在习近平新时代中国特色社会主义思想指引下，中国人民必将在中国式现代化的康庄大道上阔步前进。

> **学习在线**
>
> 中国共产党为什么能，中国特色社会主义为什么好，归根到底是马克思主义行，是中国化时代化的马克思主义行。
>
> ——2023年6月30日，习近平总书记在二十届中央政治局第六次集体学习时的讲话

以党的自我革命引领社会革命。 坚持中国共产党领导是中国式现代化的本质要求。党是风雨来袭时全体人民最可靠的主心骨。离开党的领导，一切自信都无从谈起。回顾党的百年奋斗历程，我们党之所以能够在各种政治力量反复较量中脱颖而出，之所以能够始终走在时代前列、成为中国人民和中华民族的主心骨，根本原因在于我们党始终保持了自我革命精神，保持了承认并改正错误的勇气，一次次拿起手术刀来革除自身病症，靠自己解决了自身问题。新征程上实现中国式现代化，必须不断推进党的建设新的伟大工程。党的十八大以来，以习近平同志为核心的党中央坚定推进全面从严治党，坚持以党的自我革命引领社会革命，开展史无前例反腐斗争，推动全面从严治党向纵深发展，积极破解"六个如何始终"大党独有难题。经过不懈努力，管党治党宽松软状况得到根本扭转，风清气正的党内政治生态不断形成和发展。

> **知识卡片**
>
> "六个如何始终"："如何始终不忘初心、牢记使命""如何始终统一思想、统一意志、统一行动""如何始终具备强大的执政能力和领导水平""如何始终保持干事创业精神状态""如何始终能够及时发现和解决自身存在的问题""如何始终保持风清气正的政治生态"。

充分发挥中国特色社会主义制度的显著优势。"凡将立国，制度不可不察也。" 国家之间的竞争归根到底是制度之争，制度优势是一个国家的最大优势。制度稳则国家稳，制度强则国家强。中国特色社会主义制度为顺利推进中国式现代化、实现国家繁荣富强提供根本制度保障。新中国成立70多年来，我们党领导人民不断探索实践，形成包括根本制度、基本制度、重要制度在内的中国特色社会主义制度体系。中国特色社会主义制度的"四梁八柱"撑起共和国的大厦，为推进中国式现代化提供强有力的保障。党的十九届四中全会全面总结了我国国家制度和国家治理体系在经济、政治、文化、军事等13个方面的显著优势，这些制度优势既是历史经验的总结，也是伟大斗争的实践写照，为我们坚定"四个自信"提供了基本依据。今天，"中国之治"与"西方之乱"形成鲜明对比，充分表明中国特色社会主义制度是当代中国发展进步的根本保证。

知识卡片

13个方面的显著优势：

坚持党的集中统一领导，坚持党的科学理论，保持政治稳定，确保国家始终沿着社会主义方向前进的显著优势；

坚持人民当家作主，发展人民民主，密切联系群众，紧紧依靠人民推动国家发展的显著优势；

坚持全面依法治国，建设社会主义法治国家，切实保障社会公平正义和人民权利的显著优势；

坚持全国一盘棋，调动各方面积极性，集中力量办大事的显著优势；

坚持各民族一律平等，铸牢中华民族共同体意识，实现共同团结奋斗、共同繁荣发展的显著优势；

坚持公有制为主体、多种所有制经济共同发展和按劳分配为主体、多种分配方式并存，把社会主义制度和市场经济有机结合起来，不断解放和发展社会生产力的显著优势；

坚持共同的理想信念、价值理念、道德观念，弘扬中华优秀传统文化、革命文化、社会主义先进文化，促进全体人民在思想上精神上紧紧团结在一起的显著优势；

坚持以人民为中心的发展思想，不断保障和改善民生、增进人民福祉，走共同富裕道路的显著优势；

坚持改革创新、与时俱进，善于自我完善、自我发展，使社会始终充满生机活力的显著优势；

坚持德才兼备、选贤任能，聚天下英才而用之，培养造就更多更优秀人才的显著优势；

坚持党指挥枪，确保人民军队绝对忠诚于党和人民，有力保障国家主权、安全、发展利益的显著优势；

坚持"一国两制"，保持香港、澳门长期繁荣稳定，促进祖国和平统一的显著优势；

坚持独立自主和对外开放相统一，积极参与全球治理，为构建人类命运共同体不断作出贡献的显著优势。

三、战略主动强本领

敢于斗争、善于斗争才能赢得战略主动。斗争是一门艺术，斗争本领是党员干部的一项重要工作本领。广大干部特别是年轻干部要经受严格的思想淬炼、政治历练、实践锻炼，发扬斗争精神，增强斗争本领。

> **知识卡片**
>
> **本领恐慌：** 1939年5月20日，毛泽东在延安在职干部教育动员大会上指出："我们队伍里边有一种恐慌，不是经济恐慌，也不是政治恐慌，而是本领恐慌。"2013年3月1日，习近平总书记在中央党校建校80周年庆祝大会暨2013年春季学期开学典礼上又一次提出"本领恐慌"问题，强调指出很多同志有做好工作的真诚愿望，也有干劲，但缺乏新形势下做好工作的本领。习近平总书记的重要论述为党员干部如何适应时代要求、提升履职能力指明了方向。

突出思想淬炼。 进行伟大斗争离不开科学理论指导。习近平总书记指出："年轻干部要胜任领导工作，需要掌握的本领是很多的。最根本的本领是理论素养。"党员干部要夯实斗争的思想根基，抓实理论学习，突出"思想淬炼"。马克思主义是观察和认识问题的望远镜和显微镜。必须原原本本研读经典著作，深入学习党的创新理论特别是习近平总书记关于伟大斗争的重要论述，努力把马克思主义立场、观点、方法学到手，夯实敢于斗争、善于斗争的思想根基。历史是最好的教科书。党员必须深入学习中国共产党历史，从党史中感悟革命先辈鲜明的斗争立场、顽强的斗争精神和高超的斗争本领，汲取斗争智慧，增强斗争本领，在推进中国式现代化的道路上勇往直前、披荆斩棘。

常州大学从1万多册馆藏中国共产党党史书籍中精心挑选出3000余册在图书馆二楼大厅进行党史图书专题展览

> 🚩 **学习在线**
>
> 　　要旗帜鲜明反对历史虚无主义，加强思想引导和理论辨析，澄清对党史上一些重大历史问题的模糊认识和片面理解，更好正本清源、固本培元。
> 　　——2021年2月20号，习近平总书记在党史学习教育动员大会上的讲话

　　加强政治历练。政治上的主动是最有利的主动，政治上的被动是最危险的被动。政治能力不是与生俱来的，也不是朝夕之间练就的，需要经过长期的政治历练，着力提高政治判断力、政治领悟力、政治执行力。政治判断力是前提，政治领悟力是关键，政治执行力是根本。有了过硬的政治能力，才能在推进伟大斗争过程中做到"不畏浮云遮望眼""乱云飞渡仍从容"。要增强党内政治生活的政治性、时代性、原则性、战斗性，让"咬耳朵、扯袖子，红红脸、出出汗"成为常态。

> 🚩 **学习在线**
>
> 　　在领导干部的所有能力中，政治能力是第一位的。
> 　　——2018年1月5日，习近平总书记在新进中央委员会的委员、候补委员和省部级主要领导干部学习贯彻习近平新时代中国特色社会主义思想和党的十九大精神研讨班上的讲话
>
> 　　全党同志特别是高级干部要加强党性锻炼，不断提高政治觉悟和政治能力，把对党忠诚、为党分忧、为党尽职、为民造福作为根本政治担当，永葆共产党人政治本色。
> 　　——2017年10月18日，习近平总书记在中国共产党第十九次全国代表大会上的报告

> 典型案例

在公告栏、报纸上开展批评

千里迢迢来到陕北的美国记者斯诺在红军营地发现："最使人感兴趣的是红军所办的墙报，里面有黑栏（批评栏）和红栏（表扬栏），在红栏中，人们称赞个人或者集体的勇敢、无私、勤劳和其他美；在黑栏中，同志之间互相批评，并指名道姓地批评他们的军官。"朱德告诉斯诺："军队里任何一个战士都可以直接向总司令告状——而且也常常这样做。"这是毛泽东和朱德倡导的批评和自我批评的方法。

1942年8月9日，《解放日报》发表了《谈区委的领导问题》批评文章，严肃地谈到，对于领导干部的问题光批评指责是远远不够的，要紧的是仔细地研究它、积极地改正它。1945年5月10日，《解放日报》发表《米脂生产领导须加强，县级干部不重视春耕》一文，引起了一些争议。中共西北局专门就此事给各级党委发出《发扬正确的自我批评》指示，并刊登在《解放日报》上，批评了米脂县少数干部不能正确对待批评的错误态度，并指出："此文所指出的缺点，不仅存在于米脂县的个别干部中，而且在其他地区不少干部中亦严重存在。因此，希望各级党委注意研究，并以此作为在职干部学习的材料，具体检讨各地所属工作中的类似缺点，发扬正确的批评和自我批评，以达教育干部、改进工作之目的。"

聚焦实践锻炼。纸上得来终觉浅，绝知此事要躬行。火热的实践是增强斗争本领的最好课堂。学习斗争本领好比游泳，要在搏击风浪中才能不断进步，经风雨、见世面才能壮筋骨、长才干。党员干部必须把实干作为长本领的根本途径，在历练和摔打中练就过硬本领，努力成为有真才实学的人。习近平总书记曾说过："我们读了很多书，但书里有很多水分，只有和群众结合，才能把水分蒸发掉，得到真正的知识。"这启示我们，一个人既要读"有字之书"，又要读大量的"无字之书"。只有联系实际，参加社会实践，才能把书本上的知识转化为实践的能力。

1989年，黄文秀出生在广西壮族自治区百色市田阳区一个小山村。2016年，北京师范大学硕士研究生毕业后，她毅然回到百色，扎根基层建设家乡。2019年6月17日凌晨，时任百色市乐业县新化镇百坭村第一书记的黄文秀在返回百坭村的途中遭遇山洪不幸牺牲，年仅30岁，将生命永远定格在了扶贫路上

延伸阅读

① 习近平：《新时代中国共产党的历史使命》，《求是》2022年第19期。

② 习近平：《不断提高政治判断力、政治领悟力、政治执行力》，《习近平著作选读》（第二卷），人民出版社2023年版。

结 语

中国式现代化创造了人类文明新形态

中国式现代化，深深植根于中华优秀传统文化，体现科学社会主义的先进本质，借鉴吸收一切人类优秀文明成果，代表人类文明进步的发展方向，展现了不同于西方现代化模式的新图景，是一种全新的人类文明形态。中国式现代化道路越走越宽广，必将更好发展自身、造福世界。

中国式现代化开辟了民族国家独立自主走向现代化的新道路。 中国式现代化既有基于国情的中国特色，又有各国现代化的共同特征，是一场文明延续、迭代与创新的巨变。一方面，中国式现代化是民族国家的独立自主道路。人类历史上没有一个民族、一个国家可以通过依赖外部力量、照搬外国模式、跟在他人后面亦步亦趋实现现代化。中国式现代化坚持把国家和民族发展放在自己力量的基点上，始终坚持从我国国情出发，探索并形成符合中国实际的正确道路。另一方面，中国式现代化是开放包容而不是封闭排他的现代化，彰显文明的开放性、世界性。中国式现代化超越了"文明冲突论""西方中心论"和"零和博弈论"，其蕴含的独特世界观、价值观、历史观、文明观、民主观、生态观等及其伟大实践，是对世界现代化理论和实践的重大创新。

中国式现代化为世界各国提供了不同于西方现代化模式的新选择。 西方现代化模式属于先发现代化国家的发展道路，是早期内生型和中晚期扩张型的合体。其显著缺点是，在国内，社会分化与阶级矛盾严重，引发了长期的社会动荡、阶级冲突和社会主义运动；在国外，大搞殖民主义与霸权主义，引发了殖民地半殖民地民族解放运动和国际共产主义运动。与其相比，中国式现代化，在国内，国家治理与社会治理结合，社会治安与社会秩序良好，社会和谐稳定，建立了世界上规模最大的社会保障体系，形成了世界上规模最大的中等收入阶层，推动全体人民都过上幸福美好的生活；在国外，不掠夺、不殖民、不称霸，与国际社会和平共处，与所有国家平等交往，在国际经济交往中互利合作，积极融入经济全球化，推动构建人类命运共同体。中国式现代化道路的成功开辟，超越了西方现代化模式，破解了现代化等同于选择西方资本主义道路的思维定式，破除了西方现代化模式的唯一性，为世界各国探索现代化道路提供了全新选择。

中国式现代化开辟了社会主义现代化道路的新境界。我们要建设的是中国特色社会主义，而不是其他什么主义。中国式现代化，是中国共产党领导的社会主义现代化。中国式现代化在展现社会主义强大生命力、使科学社会主义在中国重新焕发蓬勃生机的同时，提升了社会主义形象，在世界上高高举起了中国特色社会主义的伟大旗帜。中国式现代化吸收了传统社会主义模式的成功经验，打破了传统社会主义模式中单一公有制、单一计划经济、单一按劳分配方式的桎梏，主动参与和推动经济全球化进程，大力发展开放型经济，使社会主义制度焕发强大制度优势和竞争优势。中国式现代化在展示社会主义强大活力的同时，逐步实现了从"与世界接触"到"与世界接轨"的转变，尤其是倡导和平、合作、互利、共赢的发展理念，提出"人类命运共同体"重大命题，超越了西方提供的解决世界问题之道，为两种制度和谐共存开辟了一条光明道路。

中国式现代化为人类对现代化道路的探索作出了新贡献。人类文明形态因多样而丰富，因丰富而多彩。世界上没有放之四海皆准的发展道路和发展模式。从古至今，人类文明形态都是丰富多样、和而不同的。西方现代化模式的确创造了许多有益的文明成果，但也有其内在的矛盾弊端和历史局限，照搬照抄西方现代化模式的国家往往都面临着各种问题，甚至发生经济停滞、政治动荡、文化冲突、国家分裂。中国式现代化是中国共产党领导中国人民在坚持和发展中国特色社会主义进程中创造出来的、符合中国国情的、适应中国发展的、具有中国特色的现代化。中国式现代化从一开始就不是单一向度的，而是全方位的、深层次的，是在统筹推进"五位一体"总体布局、协调推进"四个全面"战略布局和推动人的全面发展、全体人民共同富裕取得更为明显的实质性进展过程中生成的,是一个将满足人民群众美好生活需要作为其自身不断巩固、发展的价值原则的中国道路、中国方案。中国式现代化始终把握"和平与发展"的主题,提出构建人类命运共同体这一具有重大世界影响和未来意义的倡议,为推动完善全球治理注入了新的动力,充分展现出中国式现代化道路为解决全球性问题、促进人类文明进步作出的原创性贡献。

后 记

参加本书起草和修改的有孙肖远、王智、孙建华、亓光、何畏、吴日明、徐建飞、邱家林等同志,金世斌、丁和平、王兵、陈硕、易华勇、魏晓敏和刘必好、陈璐、李向阳、贾雷、梁敬国、杨爽等同志自始至终参加了修改和统稿工作。

本书在编写过程中,得到了省级机关部分单位的大力支持。赵金松同志审改了全部书稿。

编　者

2023 年 11 月